丛书编委会

总　策　划：来新国　王文成

编委会主任：郭齐勇　周晓亮

编　　　委：来新国　陈知涯　张　彧　尹格韬　沈　众

　　　　　　王文成　孟淑贤　周长志　罗养毅　秦　丹

　　　　　　乌　琛

大家精要

波普尔

戴建平 著

Popper

陕西师范大学出版总社

图书代号 SK16N1463

图书在版编目（CIP）数据

波普尔/戴建平著.—西安：陕西师范大学出版总社
有限公司，2017.1（2024.1重印）
（大家精要）
ISBN 978-7-5613-7376-7

Ⅰ.①波…　Ⅱ.①戴…　Ⅲ.①波帕尔（Popper,
Karl Raimund 1902—1994）—传记　Ⅳ.①B561.59

中国版本图书馆CIP数据核字（2016）第308992号

波普尔　BOPU'ER

戴建平　著

责任编辑	郑若萍　彭　燕
责任校对	舒　敏
封面设计	张潇伊
出版发行	陕西师范大学出版总社
	（西安市长安南路199号　邮编710062）
网　址	http://www.snupg.com
印　制	永清县晔盛亚胶印有限公司
开　本	650 mm×930 mm　1/16
印　张	10
字　数	100千
版　次	2017年1月第1版
印　次	2024年1月第2次印刷
书　号	ISBN 978-7-5613-7376-7
定　价	45.00元

读者购书、书店添货或发现印刷装订问题，请与本公司销售部联系、调换。
电话：（029）85303879　传真：（029）85307864　85303629

目　录

引言 / 001

第 1 章　波普尔的生平 / 003

波普尔的家庭 / 003

波普尔的童年 / 004

1919 年：关键的一年 / 007

大学时代 / 011

维也纳学派 / 014

移居新西兰 / 018

伦敦的波普尔学派 / 020

第 2 章　波普尔的科学哲学 / 030

对分析哲学的批判 / 030

归纳问题 / 034

波普尔对归纳问题的重新表述 / 039

波普尔对归纳问题的解决 / 041

划界问题与可证伪性 / 044

经验基础的批判 / 051

知识增长的图式 / 055

科学的道路 / 057

波普尔的"三个世界"理论 / 061

波普尔与爱因斯坦 / 067

第3章　波普尔的政治哲学 / 072

《历史主义的贫困》/ 072

作为科学方法的历史主义 / 074

历史主义的反自然主义学说 / 077

零敲碎打技术 VS 整体主义 / 081

历史主义的预言 / 087

历史预言的谬误 / 091

批判柏拉图 / 095

希腊开放社会的兴起 / 108

作为开放社会敌人的亚里士多德和黑格尔 / 112

马克思的预言 / 117

第4章　20世纪的教训 / 124

波普尔与共产党、马克思主义 / 124

波普尔对萨哈罗夫与苏联衰败的评析 / 127

开放社会与世界未来 / 129

波普尔论电视 / 134

"民主不是全民统治"以及自由的界限 / 135

第 5 章　波普尔的影响 / 139

波普尔思想的影响 / 139

对波普尔的批评 / 143

波普尔与中国 / 145

附录

年谱 / 149

主要著作 / 151

参考书目 / 152

引　言

　　1994 年 9 月 17 日上午，五一大学医院（伦敦大学附属医院，位于伦敦南部的五一路），92 岁高龄的波普尔终于走到了生命的尽头，死因是癌症合并肺炎和肾衰竭。当十天前住院并被查出癌症的时候，波普尔就平静地做好了面对死亡的准备。对于死亡，他没有流露出丝毫的恐惧。据波普尔的学生、科学哲学家大卫·米勒说，当波普尔知道自己即将死去的消息时，心情丝毫没有为之所动。他说他非常热爱生命，但并不留恋被阵阵剧痛撕碎的生命。作为 90 多岁的老人，他早已经准备好了与他的朋友、学生，与他深爱的为之更加美好而不断奋斗的世界说再见。

　　卡尔·波普尔是公认的 20 世纪最重要的科学哲学家之一。他的科学哲学思想不仅改变了现代科学哲学的发展方向，而且还影响了一大批科学家，其中包括多位诺贝尔奖得主。波普尔的影响不止是在科学哲学方面，其思想涉及极为宽广的领域。实际上，首先为他赢得世界声誉的，不是他的科学哲学观点，而是他的政治哲学思想。波普尔去世后，《纽约时报》（1994

年9月18日）在悼文中称他为"民主的捍卫者"，而不是科学哲学家。他是英国学术院院士，是英国皇家学会历史上唯一因哲学成就而入选的会员，也是仅有的获得英国王室荣誉勋章的哲学家。他被英国首相撒切尔夫人尊为导师，影响了英、美的政治运动。在他的支持者中，既有哈耶克这样伟大的思想家，也有德国总理施密特、捷克总统哈维尔及日本天皇等著名政要。他的学生中，既有拉卡托斯、费耶阿本德等下一代最具影响力的科学哲学家，也有索罗斯这样的金融巨头。作为学者、思想家，卡尔·波普尔几乎产生了一个人文学者、思想家可以梦想的最广泛的影响力，也得到了几乎所有的最高荣誉。

　　为什么波普尔能取得这样伟大的成就、产生如此广泛的影响呢？笔者以为，除了其深邃睿智的思想之外，还有一个重要原因，就是他严谨认真的批判态度和清晰简洁的写作风格。作为哲学家，波普尔一生都反对矫揉造作、艰深晦涩的文风，主张尽可能准确、简单地陈述并解答哲学问题。因此，对于波普尔本人的思想，看起来似乎无须我们去作专门的解说，但是，正如布莱恩·麦吉所说，波普尔的清晰性"甚至掩盖了他的深度"，其结果就是很多人生吞活剥波普尔的观点，缺乏对其思想的整体性把握。有鉴于此，本书拟在有限的篇幅内比较全面地介绍波普尔的生活与思想，以期引起读者对这位思想家的兴趣与喜爱。

第 1 章

波普尔的生平

波普尔的家庭

　　1902 年 7 月 28 日，卡尔·莱蒙德·波普尔（Karl Raimund Popper）出生于维也纳一个中层家庭。波普尔的祖父母是犹太人，但是在 1900 年，波普尔的父母宣布放弃犹太教的信仰，改宗路德教。波普尔的两个姐姐也随之成为新教徒。当时，波普尔还没有出生。

　　波普尔的祖辈、父辈都是外来者，在移居维也纳之后，经过艰苦的努力，很快攀升到较高的社会地位。波普尔的父亲，西蒙·卡尔·西格蒙德·波普尔（Simon Karl Siegmund Popper，1856～1932）来自波西米亚。波普尔的外祖父母则来自西里西亚和匈牙利，波普尔的母亲出生于维也纳。西蒙从维也纳大学法律系毕业后，成为一名律师，并和维也纳最后一位自由主义市长莱蒙德·格吕博（1847～1898）合办了一家律师事务所。格吕博去世后，西蒙独自经营这家事务所。他们两家的关系一定是相当密切的，因为波普尔中间的名字"莱蒙德"就来自这位市长。除了律师事务所之外，西蒙还经营着建筑公司、融资机构等，以及一个拥有二十多个房间的公寓。

在处理繁忙的法律和经济事务之余，西蒙对历史、诗歌、哲学也有着浓厚的兴趣。在波普尔看来，他的父亲与其说是一位律师，不如说是一位学者。西蒙收藏了大量历史方面的书籍，熟悉古希腊及18、19世纪的历史。他写诗，并把一些希腊文和拉丁文诗歌翻译成德语。西蒙对哲学也极为熟悉，在他的大藏书室里（藏有12000~14000册书），有柏拉图、培根、笛卡儿、斯宾诺莎、洛克、康德、密尔、叔本华、尼采、马赫、达尔文等人的著作。他还喜欢文学，收藏了德国、法国、英国、俄国等许多国家的文学作品。除了知识方面的兴趣，西蒙还严肃地关注着社会问题。在他的藏书中，不仅有马克思和恩格斯等人的作品，也有马克思主义批评者们的作品。

波普尔的母亲詹妮·希夫（Jenny Schiff）出身于音乐世家。波普尔的外祖父母是当时有名的音乐人，发起成立了著名的音乐之友社，该社在维也纳建造了美丽的音乐协会厅。波普尔母亲的两个姐妹也是颇有造诣的音乐家。其中，波普尔的大姨妈是一位职业钢琴家，其三个孩子都是很有天赋的音乐家。波普尔的母亲极为热爱音乐，据波普尔说，和他的两个姨妈一样，"她的钢琴弹得美极了"。波普尔母亲的音乐兴趣对儿子产生了深远的影响。

波普尔的童年

出生于这样的家庭无疑是让人羡慕的，波普尔的童年就是在满室书香的氛围中度过的。幼年的波普尔不仅勤于思考，且情感丰富。用波普尔自己的话说，幼年的他是一个多愁善感的人。在4岁多时，幼儿园里一位双目失明的美丽女孩曾让他为之心碎，并一见钟情。也许是母亲看到了波普尔是多么地心烦意乱，就再也没有把他送到这个幼儿园去。

在波普尔眼中，那时的维也纳到处充满贫困，这一景象让这个孩子感到焦躁不安，但当时他并不知道他的父亲一直在为改变这一局面而努力工作。西蒙·波普尔长期主持管理着两个救济和收容机构，一是共济会的孤儿院，一是专门帮助无家可归者的收容所（希特勒早年在维也纳期间就曾容身于此）。因为他的慈善工作，西蒙还获得了弗朗兹·约瑟夫皇帝颁发的荣誉勋章。

除了他的双亲，对幼年波普尔影响最大的要数他的启蒙老师艾玛·戈尔德伯格，她教会了波普尔阅读、写作和记忆。此外，比波普尔大二十岁的阿瑟·昂特也对波普尔早期的心智发展产生了重大影响。当1912年波普尔遇到这位远房亲戚时，昂特正就读于一所大学的工程学专业，是当时的一名学生领袖，支持社会主义但反对布尔什维克。他向幼小的波普尔讲述社会主义思想和马克思的理论，并向他推荐社会主义方面的著作。

尽管波普尔的家庭改宗路德教，并自觉远离传统犹太人的民族认同，但这家人绝无可能摆脱与犹太同胞之间的联系及反犹浪潮的影响。像当时许多犹太儿童一样，波普尔就读于一所由社会主义者和进步势力创建的私立学校，他的同学几乎一半是犹太学生。各种信息表明，从幼儿园到小学乃至中学，波普尔的伙伴绝大多数是犹太人。这实际上反映了当时的一种趋势，即犹太人与非犹太人逐渐分离成不同的群体。波普尔的家庭就在反犹及反犹刺激下日益激烈的犹太民族主义之间艰难度日。波普尔的许多同学都受到家庭影响而接受了犹太复国主义，但波普尔并不以为然。在自传《无尽的探索》中，晚年的波普尔曾这样回忆当时的状况："在深思熟虑之后，我的父亲判定生活在基督徒占压倒优势的社会中就是有义务去尽可能不得罪人——接受同化。然而，这意味着得罪有组织的犹太教，也意味着被谴责为一个胆小鬼，一个害怕反犹主义的人。所有这一切都是可以理解的，但答案是：反犹主义是犹太人和非犹太人都畏惧的一种恶行，一切犹太裔的人的任务是尽力不去惹它，而且许多犹太人已与当地人打成一片，即已被同化了。因种族出身而受到鄙视的人会作出反应说：他们为自己的种族出身而感到自豪，这是可以理解的，但是种族上的自豪不仅是愚蠢的，而且也是错误的，即使是由种族仇恨所引起。一切民族主义和种族主义都是邪恶的，犹太民族主义也不例外。"这段话显然是为他父亲当时的立场进行辩护，估计当时幼小的波普尔深受影响，这应该是他日后成为一个世界主义者的主要根源。

第一次世界大战对年幼的波普尔产生了深刻的影响。1914年爆发的那场战争使年仅12岁的波普尔开始对公共舆论、媒体宣传及人们的政治观点进行反思。那时的奥地利沉浸在盲目的爱国主义喧嚣之中，很多人狂热地支持战争，甚至那些以往持有和平主义观点的人也开始支持奥地利针对塞尔维亚的扩张主义政策。在这种狂热的战争宣传之下，波普尔也深受感染，开始向往战争及其带来的和平，为此写了一首打油诗《庆祝和平》，来抒发自己对这场战争的赞美与歌颂。不过，这种情绪没有维持太长的时间。很快，波普尔意识到了战争的可怕，甚至认清了舆论、宣传的欺骗性。宣传机器试图使人们相信这场战争是正义的，但不久，波普尔就认识到，这场战争是非正义的，并坚信奥地利和德国会失败。为此，他专门找他的父亲和好友昂特进行讨论，并得到了他们的认同。

几个月后，战争产生了可以感受的后果。在战争期间，波普尔的很多堂兄弟都在前线打仗，而不够参军年龄的波普尔则常跟随自己的母亲、姐姐和其他一些亲友去度假，其中就有弗洛伊德的姐姐。她是波普尔父母的朋友，儿子比波普尔大五岁，也上了前线。不久，传来了那位年仅 19 岁青年的死讯，他的母亲闻讯后悲痛欲绝。这使得波普尔目睹了战争带来的巨大伤害。

1919 年：关键的一年

在战争的最后几年，波普尔都是在中学度过的。战争似乎毁灭了一切，人们陷入饥馑和慌乱之中。对波普尔来说，学校的生活无异于是浪费生命。波普尔回忆说，那时老师们教的东西无聊透顶，让人厌烦，当然，除了一位数学老师的课程。大约在 1917 年，波普尔生了一场大病，两个月后回到学校，发现情况没有任何好转，连他一向觉得有趣的数学课也没有任何进展。这促使他下决心离开学校。

那时的维也纳满目疮痍。奥地利帝国随着战争的失利而告崩溃，奥地利的经济和人们的信念与生活也随之瓦解。波普尔原本富有的家庭很快在战后的经济衰败和通货膨胀中破产。1918 年，波普尔离开学校，开始自学，并到维也纳大学当了一名旁听生。由于没能通过入学考试，所以波普尔一直没有学籍。直到 1922 年，波普尔才成为维也纳大学的正式学生。

战后奥地利的政治生活一片混乱。年轻的波普尔由于受到社会主义者的影响，一度以共产主义者自居。但是有一起事件彻底改变了波普尔的认识。1919 年 7 月 28 日，刚满 17 岁的波普尔在维也纳街头亲眼看见了警察镇压游行的青年社会主义分子的暴行。因为这一事件，波普尔彻底改变了对历史的看法。

事情的原因是，有共产党员被当局逮捕，于是共产党组织就煽动学生游行示威，以解救被捕的党员。最后，几位学生被警察枪杀。波普尔认为，一个政党为了政治目标而不惜牺牲追随者的生命，这是不可原谅的。那些手无寸铁的信仰社会主义的青年，由于受到自己党派的鼓动而与当局对抗，最终丧失了生命。波普尔甚至觉得作为历史决定论者，他自己也负有部分责任。所谓历史决定论，其要点是：为了加速社会主义的到来，需要阶级斗争（包括牺牲）。年轻的波普尔开始思考如下极重大的问题：历史决定论者们都声称可以带来一个美好的世界，而这样的声言据说又是建立在对历史发展规律认识的基础上的。但如果这样的一个世界需要靠暴力和牺牲来换取，其价值和意义是值得怀疑的。进一步，波普尔开始问自己，到底自己对马克思和恩格斯的著作了解多少？自己是否曾经批判地考察过他们的理论和思想？他发现自己竟然未加批判地接受了一套理论，甚至在实践中发现了一些错误之后仍然不愿放弃。

这一发现让他震惊！他看到了一种极其危险的机制在自己身上发挥了作用：一旦人们对某项事业奉献了忠诚和良心，就不再愿意放弃，而是牺牲自己的理智，并从情感和愿望出发，为这一事业进行辩护，越陷越深。波普尔看到，这一机制也不断地支配着他的很多朋友。

从此之后，波普尔成为历史决定论的坚定反对者。同时，这件事还给了波普尔思想上永远无法抹去的深刻教训，那就是：一定要认识到自己的无知，牢记在智力上谦虚的价值。

对波普尔思想的发展来说，与弗洛伊德以及阿德勒心理学的邂逅是这一年发生的另外的大事。当时奥地利的社会主义运动常常以弗洛伊德和阿德勒（Alfred Adler）等人的心理学来解释社会矛盾和阶级冲突。为此，1919年春，波普尔旁听了个体心理学创始人、心理学家阿德勒的讲座。在讲座结束时，阿德勒招募志愿者在他的诊所工作。波普尔接受了这一工作，并建立了和阿德勒本人及他的家庭之间相当密切的关系。不过，尽管波普尔很敬重阿德勒的人格，却并不太喜欢他的理论。据波普尔回忆，有一次他向阿德勒报告了一个孩子的病例，似乎不能用阿德勒的学说来说明情况，可是阿德勒不假思索地用他的理论进行了解释，虽然他甚至还没看到这个孩子。波普尔吃惊地问他为何如此自信，阿德勒说，他有1000次的经验。波普尔只好说，由于这个病例，他现在有了1001次的经验！这一事件更加坚定了波普尔对心理学的怀疑，也导致了他从阿德勒生活中的"突然消失"。多年后，波普尔回忆说："1919年夏天，我开始对这三种理论愈来愈感到不满——即马克思的历史学说、心理分析学和个体心理学，我对它们自称的科学性开始怀疑。我的问题开头大约是这样的简单形式：马克思主义、心理分析学和个体心理学的毛病在哪里？为什么它们同物理学理论，同牛顿理论，特别是同爱因斯坦理论这么不一样？"

1919年，与爱因斯坦的遭遇是波普尔人生中重大的事件之一。这一年的5月，英国皇家学会和皇家天文学会派遣了分别由埃丁顿和克罗梅林领导的两支科学观测团奔赴巴西的索布拉尔（Sobral）和西班牙几内亚海岸外的普林西比岛（Principe），观测日全食时的恒星光线，以检验爱因斯坦广义相对论所预言的光线弯曲，并判定旧理论（牛顿理论）和新理论（爱因斯坦理论）的优劣。9月份，皇家天文学会召开会议，基本确定了爱因斯坦的预言是正确的。11月6日，皇家学会与皇家天文学会召开会议，正式宣布爱因斯坦预言的证实。这是那一年十分轰动的事件之一。第二天，《泰晤士报》《纽约时报》等各大报纸纷纷大张旗鼓地报道这一消息。爱因斯坦一夜起来发现自己成了妇孺皆知的名人。这一结果之所以会马上引起全世界的强烈关注，除了人们因长期战争而疲惫不堪、急需呼吸新鲜空气这一因素之外，更重要的是因为人们对早已坚信不疑的牛顿理论，如今被一个新理论推翻这样的事实震惊不已。

据波普尔说，爱因斯坦曾在维也纳作过一次关于广义相对论的讲演（时间应当是在1921年），波普尔亲耳聆听了这次讲演，但讲演的内容完全超出了波普尔的理解能力。除了科学上的原因，更重要的是，像绝大多数人一样，波普尔一直把牛顿科学和麦克斯韦电动力学视为难以动摇的真理。毕竟，无论是牛顿定律还是麦克斯韦方程，都经过了无数的检验，获得了极大的成功。但是，如此成功的理论，竟然瞬间便被一个更普遍、更高的理论所代替，这对波普尔产生了强烈的冲击，彻底地颠覆了他对科学与知识的教条主义理解。波普尔在自传中回忆说："回顾那年，我惊奇地感到，在如此短的时间内，影响一个人智力发展的事情，竟会如此之多。因为在同时我知道，爱因斯坦，这对我的思想的影响是一种支配性的。从长远来看，也许是所有影响中最重要的。"

大学时代

1919 年以后，虽然波普尔对马克思的理论有了一些怀疑，但他仍然没有放弃社会主义，在他看来，没有什么能比在一个平等的社会中过着一种朴素、简单而自由的生活更好的了。但是，某些自以为是的社会主义者引起了波普尔的反感。他们自以为是工人阶级的领导者，其实不过是因为他们知道一点马克思的文献（当然很不透彻，更说不上批判了）。波普尔说，他们根本就对体力劳动者的生活知之甚少，甚至比他了解得还少。事实上，波普尔曾有几次从事体力劳动的经历。第一次是在战争期间，他曾在一家工厂做工。第二次是在一家建筑工地，后来因为体力不够而中断。第三次是他想成为一个木工，并跟随维也纳的一位有名的木匠做了两年的学徒。

木匠阿达尔伯特·波什是波普尔的师傅，非常温和、善良，常常在没有旁人的时候给波普尔传授他渊博的知识。他对波普尔说，他一直致力于制作永动机，尽管别人都说他不会成功，但他不会放弃。据波普尔回忆说，波什师傅喜欢考他各种历史问题，当他的大学生徒弟（波普尔当时是维也纳大学的注册学生）回答不上来时，他就会得意扬扬地予以解答，并自豪地告诉波普尔说："好啦，你可以随意问我任何问题，我什么都知道。"师傅对波普尔产生了重大的影响，因为他让波普尔成了苏格拉底的信徒，那就是更多的知识只是意味着更多的无知。1924 年秋，波普尔经过认真的考虑，觉得他对哲学的喜爱超过了对制作柜子的喜爱，于是决定放弃学徒生活。而他亲手制作的唯一的柜子是他迁居到新西兰之后完成的。

经过两次失败之后，1922 年，波普尔终于通过了维也纳大学的入学考试，成为正式的学生。在维也纳大学，学生可以选修任何课程。波普尔则选修了物理学、数学、哲学和心理学的课程，但是绝大多数课程都让波普尔感到失望。在他看来，阅读教授们的著作比听他们的讲座要好得多。波普尔有两个舅舅在维也纳大学任教，一位教授经济学和统计学，另一位是医学教授，但他们也没能让波普尔对无聊、枯燥的学院生活产生丝毫兴趣。于是他决定不再参加任何讲座，而是组织了一帮朋友，开始自学。他们为自己设立了研读目标，在一起读书、讨论，一起爬阿尔卑斯山，一起去听音乐会。波普尔本人在自传中声称，他的很多思想都起源于这个时期的课外阅读和思考。

波普尔在大学时期唯一感兴趣的课程是数学，他常常去维也纳数学研究所听课。维也纳数学研究所聚集了多位一流的数学家，波普尔几乎听过他们所有人的课程，其中对波普尔最有吸引力的是汉斯·汉恩（Hans Hahn）。在自传中，波普尔称汉恩的课"是一件艺术品，逻辑严谨，文字简洁，语言优美"。汉恩在讲座的结尾介绍了怀特海和罗素的《数学原理》以及希尔伯特的公理理论，并表达了对其理论的热情支持。这给波普尔留下了深刻印象。他阅读了《数学原理》，虽然很难掌握其中的细节，但还是深受数学逻辑主义的影响，以至于后来看到布劳威尔的直觉主义数学观时，感到"震惊并愤怒，但毫无办法"。波普尔曾考虑过做一名数学家，但不久就发现数学太难，并不适合自己，便放弃了成为数学家的梦想。

一直吸引波普尔的是物理学。虽然他并不喜欢维也纳大学的物理学课程，但没有丧失对物理学本身的兴趣。波普尔终其一生都敬重具有创造性的物理学家和数学家，认为那是智力成就最高的体现。当晚年的波普尔被问及他一生中最引以为豪的成就是什么时，他列出了两件事：一是他被选为英国皇家学会会员，二是在普林斯顿进行演讲，而爱因斯坦和玻尔坚持听了六个多小时，并与他深入讨论非决定论的问题。波普尔敬畏科学家，却瞧不起几乎所有当代的哲学家（也许罗素除外）。敬畏科学家不意味着他同意他们的观点，波普尔经常平等地与物理学家、数学家和生物学家讨论一些相关领域的基本问题。

对学院生活不感兴趣，但又做不了体力劳动，所以波普尔决定做一名中小学教师。中小学教师虽然收入不多，但足以维持生计。他早已获得初级中学教书文凭，但没有得到职位。1925 年，波普尔作为社会工作者到刚成立的维也纳教学法研究所做学生，他希望通过学习后能获得中小学教师的职位，因为这一研究所的目的在于按照新的教育学和心理学理论培养新一代的教师，以促进和支持当时正在进行的中小学教育改革。在这里，波普尔认识了他的一些终生好友，如罗伯特·拉梅尔（后来帮助波普尔写作《研究的逻辑》）、奥拓·哈斯（波普尔迁居新西兰时将自己的文章相关事宜都委托给了他）、弗里茨·柯尔比（二战后任奥地利驻巴基斯坦大使）等人。更重要的是，波普尔在这里认识了他的妻子，也就是他的同学约瑟芬·安妮·汉宁格尔（1906～1985），并于 1930 年结婚。她不仅是波普尔一生的生活伴侣，也是波普尔工作上的帮手，波普尔很多作品的初稿都是她在打字机上打出来的。波普尔和他们一起学习、远足和爬山。因为在智力上波普尔明显要优于其他人，所以他成了这个小圈子的精神领袖。

教学法研究所的绝大多数课程像大学的课程一样，让波普尔感到无聊乏味，不过心理学教授卡尔·布勒（Karl Buhler）

引起了波普尔对心理学的兴趣。布勒是两次大战期间一位杰出的心理学家，是早期的格式塔心理学家之一，其《儿童的智力发展》已久负盛名，刚应聘到维也纳教授心理学和哲学。在教学法研究所中，布勒显然是学术上的权威，他是对大学时代的波普尔影响最大的学者。

教学法研究所的几年对波普尔思想发展是极为重要的，通过自己的思考以及与布勒、贡佩尔兹等心理学家的讨论，波普尔逐渐明确了一些重要的观点。在知识论上，他开始越来越强烈地反对心理学主义。波普尔做过的一些心理学实验使他确信"感觉材料""感觉印象"等东西是不存在的，不能用来解释知识的本质。不过，后来波普尔了解到其他心理学家已经早于他获得了这些重要的结果，于是下决心离开心理学领域。

1928 年，他递交了博士论文《论思维心理学中的方法问题》，对他这几年的心理学研究进行了总结。尽管波普尔觉得论文写得很糟糕，两次博士学位考试也很糟糕，但仍然以最高分数通过了这些考试。

维也纳学派

获得博士学位之后，波普尔对未来职业的发展依然感到迷茫。当时他已经 26 岁了，受到了良好的教育，具有很高的才华，也有丰富的社会实践经验，但他在内心深处却感到很失败。在过去的十年里，他没有做成功过一件事情。写了很多论文，但没有一篇是他满意的；做了很多社会工作，最后以沮丧而告终；思考了很多哲学问题，却没有多少明确的结论；他缺乏来自学术界的鼓励和支持，缺乏导师的指导和帮助；他觉得没有方向感。最重要的是，他没有工作及经济上的支持（他的家庭已经在战后的通货膨胀中破产）。

1929 年，波普尔终于有了转机。他写了一篇论几何公理的论文（这是一篇逻辑清晰、语言简洁、很有见识的漂亮论文，涉及公理化原则、非欧几何、几何基础争论、几何与实在的关系等问题，其广度和深度远远超过了中学教师需要的水平），因此通过了教师资格考试，不久得到了中学教师的职位。

中学教师的职位使得波普尔不再担心生计，得以更加从容地思考哲学问题。他在维也纳大学任统计学和经济学教授的舅舅瓦尔特·希夫非常支持这位外甥的哲学兴趣，并设法安排了维也纳学派的一位成员赫尔伯特·费格尔与他见面。在费格尔之前，波普尔曾在好友贡布里希的帮助下结识了一位维也纳学派成员维克多·克拉夫特，并与之交谈多次。他把自己的主要思想与克拉夫特进行了交流，包括科学理论的假说和猜想性质，科学方法不是归纳方法，等等。波普尔告诉克拉夫特，维也纳学派将可能蜕化成咬文嚼字的经院哲学，这一说法使得克拉夫特目瞪口呆。显然，克拉夫特对波普尔的思想不能充分欣赏与支持，但与费格尔的彻夜畅谈显然给了波普尔真正的鼓舞。费格尔告诉波普尔，他的思想不仅重要，而且几乎是革命性的，应当将其发表。

波普尔从来没有想过要写一本书。那时，虽然他随时都把自己的思想记录下来，但不过是出自纯粹的兴趣。如果不是费格尔的热情鼓励，波普尔不会下决心去完成一部著作，因为他并不喜欢这样的生活方式，也不能肯定他自己感兴趣的问题别人也会感兴趣。他的父母表示反对，担心他成为新闻工作者。他的妻子起初也不支持，因为那样波普尔就不会有时间陪她去爬山和滑雪。

波普尔写的书主要讨论关于知识基础的两个根本问题——归纳问题和划界问题，因此他把这本书冠名为"知识理论的两个基本问题"。在这本书里，波普尔提出了他最重要的理论。很快地完成几章后，波普尔把书稿交给他的朋友罗伯特·拉梅尔审阅。拉梅尔是一位极其严格、认真、苛刻的读者，对任何含混不清的地方绝对不会放过。波普尔说，拉梅尔对他的写作风格影响极大，让他学会了绝不为人们对其写的任何东西提出不够清楚的责备进行辩解，养成了清晰、简洁的写作风格。

在写作的过程中，波普尔开始与越来越多的维也纳学派成员进行交往，他对维也纳学派的批评也开始逐渐产生影响。维也纳学派是当时奥地利乃至整个欧洲最重要的哲学团体。所谓维也纳学派（Vienna Circle），是指从 1922 年开始，以维也纳大学归纳哲学教授石里克为核心形成的一个学会（又名恩斯特·马赫学会），其主要成员有石里克（Moritz Schlick）、卡尔纳普（Rudolf Carnap）、纽拉特（Otto Neurath）、费格尔（Herbert Feigl）、汉恩（Hans Hahn）、伯格曼（Gustav Bergmann）、弗兰克（Philipp Frank）、魏斯曼（Friedrich Waismann）、哥德尔（Kurt Gödel）、维克多·克拉夫特（Victor Kraft）、卡尔·门格尔（Karl Menger）、理查德·冯·米塞斯（Richard von Mises）等。他们多是当时欧洲一流的物理学家、数学家、逻辑学家、社会学家和经济学家。他们关注当时自然科学的发展成果（如数学基础之争、相对论与量子力学等），并在此基础上去探讨哲学和科学问题。在德国实证主义者（特别是马赫）以及罗素和维特根斯坦的影响下，维也纳学派提出了一系列新的哲学观点，其中心主张有两点：一、拒绝形而上学，认为经验是知识唯一可靠的来源；二、只有通过运用逻辑分析的方法，才可最终解决传统哲学问题。但是进入 20 世纪 30 年代以后，随着纳粹的兴起，不少成员被迫逃离。特别是 1936 年石里克遇刺身亡，导致了维也纳学派的解散。维也纳学派引领了一场声势浩大的逻辑实证主义的哲学运动，对整个 20 世纪的哲学发展产生了深远的影响。

实际上，波普尔早已熟悉维也纳学派中的多位成员。早在 1924 年，石里克就成为他博士论文的审查老师；数学家汉斯·汉恩的数学课是波普尔大学时代喜欢的为数不多的课程之一；维克多·克拉夫特是他几年前就已认识了的；费格尔曾给波普尔的思想以高度的赞誉，并鼓励他发表自己的观点。但是，他跟维也纳学派的联系或者不直接（跟石里克和汉恩是师生关系），或者处于外围（如克拉夫特和费格尔仅以个人名义对波普尔的思想进行评论）。如今，波普尔通过实验物理学家弗朗茨·乌尔巴赫的介绍，认识了维也纳学派的一位重要成员弗里茨·魏斯曼，他对波普尔对维也纳学派的批评很感兴趣。波普尔回忆说，正是因为魏斯曼的鼓励，他才开始在一些学术聚会中批评维也纳学派的观点。

但是，波普尔一直是在一些外围团体中宣读他的文章的。他从未被维也纳学派邀请参加他们的学术聚会（波普尔自己也从来没有谋求这样的机会）。虽然石里克是维也纳学派的领袖，但他似乎从没想到邀请他的这位学生来参加他的学术聚会。不过这并不重要，波普尔的观点在其他学术聚会中得到了传播。此外，波普尔的著作《知识理论的两个基本问题》在 1932 年完成之后，维也纳学派的许多成员，如石里克、费格尔、卡尔纳普、汉恩、弗兰克、纽拉特等人都读过。

1933 年，石里克、弗兰克同意将波普尔的这本著作收入他们主编的《科学世界观文集》出版，但出版商坚持要大加精简。这时，波普尔的第二卷也基本完成，他只好将两卷的摘要组成新的书稿，最后题为《研究的逻辑》于 1934 年出版。

波普尔与维也纳学派的关系是什么，这是科学哲学史中一个引人入胜的课题。维也纳学派不仅于 20 世纪 30 年代瓦解，其学说也很快趋于消亡。是谁扼杀了逻辑实证主义？波普尔认为他本人要承担这个责任。波普尔说，他要感谢维也纳学派的一些成员给他的巨大帮助，如费格尔、克拉夫特，特别是石里克和弗兰克，他们明知波普尔对其观点进行了严厉的批判，仍然接受了他的著作。不过，波普尔认为，也许正是因为他在《研究的逻辑》中严重地挑战了逻辑实证主义的主要观点，才引起了该学派的分裂和瓦解。不过，对于波普尔的这一说法，有人认为这是他的一厢情愿。维也纳学派的瓦解有很多原因，波普尔的批判并不是其中主要的一个。

移居新西兰

《研究的逻辑》的成功出人意料，波普尔的声望也走出了维也纳，扩展到多个欧洲国家。他开始不断接到演讲的邀请。1935~1936 年的两年间，波普尔应邀到英国贝德福德学院、帝国学院、剑桥大学、牛津大学、伦敦经济学院等多所大学作讲演，并结识了以赛亚·柏林、吉尔伯特·赖尔、哈耶克、罗素等人。

这时的奥地利已经处于被希特勒的德国吞并的危险之中，反犹的情绪日益高涨。奥地利的各个右翼政党在敌视犹太人上进行竞赛，以获取更多的选票。在大学里，反犹太人的暴动日渐猖獗，反犹的人不断集会，抗议大学中犹太人教授数目过多，维也纳学派的领袖石里克竟于去上课的路上被纳粹分子枪杀。越来越多的犹太裔学者开始筹划逃离奥地利。

多年前，波普尔就预测到德国纳粹势力即将兴起，而且会奴役奥地利。如今，他的预言和担心正逐渐变成现实。于是，在英国演讲期间，波普尔开始谋划如何逃离。波普尔的一位英国朋友告诉他，新西兰坎特伯雷大学正全球招聘哲学讲师，建议他应聘这一职位。11 月底，剑桥大学设立了一个短期职位，以帮助逃离德国和奥地利的难民。该校学术救援委员会主任发信给波普尔，说可以为他提供这一职位。不久之后，波普尔接到了坎特伯雷大学的电报，正式聘任他为哲学讲师。波普尔和妻子决定去新西兰，而把剑桥的职位让给了维也纳学派的一位成员，弗里茨·魏斯曼。

1937 年 3 月，波普尔和妻子来到新西兰。在那里，正当全世界陷入战争灾难的时候，他们却度过了一段极为平静的时期。在坎特伯雷大学，波普尔的教学任务极为繁重，但他仍然抽出时间进行思考和写作，继续集中精力研究概率理论和量子物理学问题。1937 年，他曾在英国举办过题为"历史决定论的贫困"的讲座，试图将他从物理学发展中获取的思想应用到社会科学领域。1938 年，希特勒吞并奥地利，这一事件更有力地促使波普尔潜心思考政治哲学问题，并将他 1919 年以来酝酿的观点进行了透彻的反思和充分的展开。

二战爆发之后，波普尔申请参加新西兰军队，但是他的申请没有获得批准。有人说，无论是对波普尔本人，还是对新西兰军队，特别是对 20 世纪的政治哲学，这都是幸运的。不过，波普尔虽然没能参军入伍，但他认识到，也许他可以从另外一个角度作出自己的贡献，那就是继续丰富和展开自己的政治哲学纲领，并以战斗般的热情投入其中。他先后完成了两篇政治哲学方面的作品。《历史决定论的贫困》最初发表时是一篇长文，可以说浓缩了波普尔政治哲学的主要观点。而《开放社会及其敌人》是一部巨著，是波普尔所有著作中最为流行的一本。他在书中集中批判了柏拉图、黑格尔以及马克思的思想，认为他们为极权主义提供了主要的思想资源。除此之外，波普尔还在书中深入讨论了很多重要的认识论、伦理学以及政治问题，甚至明确分析了战争时期及战后欧洲社会重建可能会面临的一些重大问题。

1943 年，波普尔完成《开放社会及其敌人》之后，把书稿寄往英国，却遭到退稿，其原因是对亚里士多德不敬（这是很奇怪的理由，因为波普尔在书中更多、更严厉地批判了柏拉图的思想）。幸运的是，在哈耶克的帮助下，此书终于在 1945 年出版，并很快获得了巨大成功。在随后的长达半个世纪的时间里，《开放社会及其敌人》被陆续翻译成三十多种文字，出版了不计其数的版本，不断地被重印，成为 20 世纪影响广泛的政治哲学经典之一。

《开放社会及其敌人》为波普尔赢得了崇高的国际声誉，也为他重返欧洲、结束流浪做好了准备。不久之后，再次由于哈耶克的帮助，波普尔获得了伦敦经济学院的一个讲师职位。

伦敦的波普尔学派

1946 年初，波普尔和妻子再次踏上英国的土地。他不想回到维也纳，他对维也纳经历的痛苦回忆一生都难以释怀。据说，在他即将离开新西兰的时候，卡尔纳普曾问他打算什么时候再回维也纳。波普尔简单地说："不会再回去了。"也许很少有人能像他这样如此简单地割断与故乡的联系。实际上，终其一生，波普尔对维也纳充满了矛盾的情感。一方面，那里有他儿时的记忆、成长的经历以及亲人和朋友；另一方面，维也纳根深蒂固的对犹太人的排斥和仇视确实让波普尔深感痛苦。

在 1948 年，克拉夫特曾试探着问波普尔是否愿意回到维也纳接受一个教授职位，但最终为波普尔所拒绝。那时的奥地利，人们的生活仍然十分艰难。波普尔的妻子安妮却很热切地希望能够回到故乡，因为她在萨尔兹堡的年迈母亲已经身患重病，需要人照顾。后来，在 1965 年，维也纳市授予波普尔"荣誉市民"的称号，这些都不能促使波普尔下决心回到故乡。1969 年，哈耶克又鼓动波普尔一起回维也纳接受薪酬优厚的教授职位，仍然被波普尔谢绝。他在给哈耶克的信中透露了他最主要的担心："反犹主义在奥地利仍然十分盛行。像我这样具有犹太背景的人应当远离。……几年前我曾和安妮讨论我退休后的去向，我们都决定不会回到奥地利。如果我在那里担任教授的职务，会更加使我暴露在反犹情绪面前。"

因为这一情结，他把英格兰视为自己的第二故乡，在踏上英国土地的那一刻起，他就认为自己正式结束了流浪的日子。这时他的《开放社会及其敌人》已经为他带来世界声誉，在英国也产生了广泛影响。他是一颗冉冉升起的明星，不断被邀请参加各种会议并发表演说。

值得一提的是他 1946 年初冬在剑桥的一次讲座。在这次讲座上，波普尔同他的维也纳同乡、哲学家维特根斯坦进行了面对面的交锋。关于这一事件的描述，波普尔本人在自传中提供了最早的一个版本。随后，维特根斯坦的支持者们认为波普尔的描述与事实并不相符，并和波普尔的支持者之间展开了争论。从双方的争论中，大概可以看到两人争执的发生：波普尔被请去演讲，维特根斯坦是讲座的主持人；波普尔认为"有真正的哲学问题"，驳斥了维特根斯坦"一切哲学问题都是语言问题"的观点；随即维特根斯坦拿着烧红的火镩，挑衅似地在波普尔面前挥舞，并请波普尔给出一个哲学问题的例子；波普尔给出了一个例子，并说"请不要拿着火镩在客人面前挥舞"；当时罗素在场，并曾呵斥维特根斯坦，让他放下火镩；维特根斯坦扔下火镩，然后摔门而去。

看来，波普尔获得了胜利。在波普尔的人生中，这一事件可以说具有特殊的意义。一方面，与波普尔一样，维特根斯坦也是来自维也纳的犹太人，甚至是他的邻居。但另一方面，两人在出身背景上有着巨大的差别。波普尔的家庭属于普通中产阶层，虽过着体面的生活，但远远谈不上富贵，而且在一战后的经济萧条中迅速因为通货膨胀而破产，波普尔因此不得不为生计四处奔波。相比之下，维特根斯坦家族无疑是当时欧洲的顶级富豪。维特根斯坦父亲是欧洲的钢铁大王，拥有数以亿计的资产和家业。他的家富丽堂皇犹如皇家宫廷，几乎每天都有权贵名人登门造访，可谓门庭若市；维特根斯坦家常常邀请最有名的音乐家前来举办大型音乐会。维特根斯坦本人毫无生活的压力，完全可以自由地来去，选择自己想干的事情。因此，尽管两位伟大的哲学家都具有犹太的背景，然而这一背景显然无法掩盖出身上的巨大差异。对波普尔这位年轻后辈同乡的思想，维特根斯坦报以鄙夷的态度；而对于出身富豪的维特根斯坦,波普尔的心中也许充满了挑战的渴望。所以,维特根斯坦丢弃的火镝给了波普尔一个满意的结果。他在这场斗争中获得了胜利。那位统治剑桥的富豪哲学家,在他的锐利攻击下,竟然以很不得体的方式败下阵来。对于波普尔的才华及其哲学立场,罗素给予了高度肯定。实际上,在冲突的当天,罗素就向波普尔表示,他自己坚决站在波普尔的一边。第二天,罗素又对美国哲学家哈里曼·麦克伦敦说,波普尔比当前所有的人都更有学识。

关于波普尔和维特根斯坦之间的关系,有学者进行了仔细的研究,他们在波普尔的著作里发现了他对维特根斯坦观点的驳斥。但是,按照波普尔本人的说法,维特根斯坦并没有对他产生什么影响,因为他的很多观点在 1919 年就已经孕育出现。而他得知维特根斯坦其人是在 1925 年。此外,波普尔很乐意承认那些对其产生影响的前辈和同辈的思想家,不论这些人是维也纳学派的成员,还是上一代的思想家,如罗素和波尔兹曼等,或者是其他什么人。这样看来,维特根斯坦确实并没有对波普尔产生思想上的影响。

1949 年,波普尔被任命为伦敦经济学院逻辑与科学方法论教授。不久之后,他迎来了人生中另外一个重要时刻:哈佛大学邀请他主讲 1949~1950 年度的威廉·詹姆斯讲座。美国之行给他留下了极为美好而深刻的印象。他喜欢那里的"自由"氛围。特别重要的是,当他应邀在普林斯顿演讲时,爱因斯坦和尼尔斯·玻尔一起聆听他的讲座,直到其他人都走完以后,仍然坚持和波普尔讨论哲学问题,一直持续了六个多小时。这是波普尔最引以为自豪的两件事情之一。

1949 年,哈耶克离开伦敦经济学院去了芝加哥,这对波普尔的生活产生了重要的影响。他开始感到孤独，并被同事们疏远。他的学生越来越少，越来越年轻，这同样让波普尔感到沮丧。尽管他一如既往、充满激情地讲课，但不能抚平内心的失落。他决定远离闹市，在伦敦郊外买了一座房子，迁居到那里。

这时的波普尔越来越厌烦日常的社交活动，对他来说，那完全是浪费时间，除非能对他的哲学思考有所帮助。所以，那些哲学同行渐渐发现波普尔越来越难以相处。他们虽然敬重波普尔，却难以忍受他的性格。也许波普尔稍微耐心点倾听他们的看法，情况就会好很多，但是波普尔对他们所做的事情没有丝毫兴趣，特别是语言分析，在波普尔看来根本是毫无意义。1951年，他还帮忙参与创建了著名的《英格兰科学哲学杂志》，并于次年担任科学哲学学会的主席。之后，他的社会活动越来越少，甚至拒绝参加大多数的学术会议，结果是邀请也越来越少。这反过来又加重了波普尔的孤独感。

1954年，费格尔自美来访。他看到波普尔田园风光的住所，羡慕波普尔生活具有的世外桃源般的宁静，只是他也无法理解波普尔的孤僻和自我的性格。不过，他对波普尔从内心里充满了敬畏。据说，在后来召开的两次国际科学哲学大会上，费格尔一开始都是玩笑般地作报告，但当转到介绍波普尔时，他马上变得庄重而严肃，因为介绍的是"伟大的思想和创造性"，或者换句话说是"超凡的心灵"。

这一"超凡的心灵"吸引了一批杰出的人物，并组成了现代哲学史上著名的学派之一——波普尔学派，其中有几个人物在现代科学哲学史上大名鼎鼎。最早为波普尔吸引的是费耶阿本德，他是20世纪70年代至90年代最活跃、最具代表性和影响力的科学哲学家之一。1948 年，费耶阿本德就遇到了波普尔，并为其思想所吸引。1952 年，他来到伦敦经济学院，成为波普尔的助手和学生。另外一位是阿加西，以色列人，于 1953年成为波普尔的学生，在长达五年的时间里和波普尔形影不离。约翰·沃特金斯是波普尔在伦敦经济学院的继任者，他最早从 1947 年开始听波普尔的讲座，参加讨论班，于 1958 年成为伦敦经济学院的讲师。伊美尔·拉卡托斯是另外一位著名的学生，这位匈牙利移民从剑桥转来跟随波普尔研究科学哲学，是和费耶阿本德齐名的著名哲学家，他在阿加西之后成为波普尔的助手。除此之外，还有来自哈佛的威廉·巴特利，等等。

波普尔讨论班是那个时期最吸引人的哲学讨论班。阿加西在他的自传《哲学家的学徒》中，非常细致地回忆了波普尔在讨论班上带给他的强烈的智力上的冲击。那是每周二晚上举办的讨论班，参加者通常是波普尔的学生和来访的学者。一般是由一名学生或来访者宣读自己的论文，然后接受在座任何人的疑问和批评。据说，很少有人能读完自己的论文，因为常常被波普尔或其他人打断。争论极为激烈，各种批评特别是波普尔的批评也是相当尖刻。以至于有人说，如果你打算去参加波普尔的讨论班，记得出门时把自尊放在家里，否则将会受到讨论班成员特别是波普尔的无情"摧残"。很多人认为，这个讨论班非常有趣，很愿意维持这一风格，不愿改变。

从 20 世纪 50 年代开始，波普尔一直在准备《研究的逻辑》的英文译本。波普尔的妻子安妮一再告诉他，真正代表他思想的不是政治哲学观点，而是科学哲学理论，不是《开放社会及其敌人》，而是《研究的逻辑》。因此，她不断敦促波普尔出版此书的英文版。实际上早在 30 年代，亨利·伍德格尔就曾准备过一个英文译本，题为《假设与确证》。此外，费耶阿本德也曾将《研究的逻辑》译成英文。波普尔对这两个译本都不是十分满意。于是，他又和朱略斯和兰弗雷德准备新的译本。

对于这个新的译本，波普尔付出了艰辛的努力。首先，他为这个译本增加了十二篇附录。而且，他几乎修改了其中三分之一的内容，并增加了不计其数的脚注，以详细说明他观点的变化。另外，他还为该书写了一篇跋。这篇跋虽然是一篇文章，但由于篇幅太长而不能收录到书中，直到几十年后才出版。

60年代以后，在波普尔扩建自己思想体系（进化认识论、开放宇宙论）的同时，他的影响也在全球迅速扩展。自1958年当选英国学术院院士之后，1965年，他又获得爵士头衔。他的追随者不仅遍布科学哲学和政治哲学领域，甚至还有一批杰出的科学家，其中包括多位诺贝尔奖获得者，如生物学家彼得·米达沃（在他眼里，波普尔是无与伦比的、有史以来最伟大的科学哲学家），神经生理学家约翰·埃克尔斯，生物化学家雅克·莫纳德，物理学家阿尔弗雷德·里德、赫尔曼·邦迪、埃尔文·薛定谔（量子力学奠基者之一）等。这些伟大的科学家都声称他们受到波普尔的很大影响。1976年，波普尔当选为英国皇家学会会员，这是波普尔最引以为自豪的两个成就之一。

然而，波普尔与其学生的关系是他一生都挥之不去的噩梦，他几乎无法与他的任何一名学生密切相处。对于所有波普尔的学生来说，波普尔都在他们心里产生了永远无法磨灭的印记。他对学生们极为慷慨，无论是在经济上，还是在对其职业的帮助上，但是波普尔要求的回报更多，他要学生们无条件地优先服务于他自己的哲学工作。正如阿加西所说的，在波普尔跟前，学生们都被当作学徒，不得另起炉灶发展自己的思想。也许正如有的学者指出的，波普尔对他的学生充满嫉妒之心：他的学生们有一个极高的起点，那就是他自己的哲学，而他本人则成为垫脚石。他要求学生们对他的学说进行批评，结果他们纷纷发展出自己的理论，这让波普尔失望和不满，他感到这些学生都背叛了他。

波普尔一生都无法处理好他和学生们之间的关系。他们不断地争吵，首先是与阿加西决裂，接着又与巴特利反目，不久和拉卡托斯分道扬镳，几年后连他的继任者沃特金斯也弃他于不顾。所有这些学生都承认并感激波普尔对他们的巨大影响和帮助（费耶阿本德似乎是唯一不愿承认波普尔影响的，但实际上他不过是把波普尔的几个观点推向极致而已），但无法忍受波普尔的自我和偏执。无论是对波普尔还是对他的学生来说，这都是极为痛苦的经历。在 1971 年，当波普尔为希尔普《在世哲学家文库》之《卡尔·波普尔的哲学》准备《对批评者的回答》时，他的学生拉卡托斯和阿加西的批评像噩梦一样纠缠着他。他病倒了，在其他学生的精心照料下，几个月之后才恢复过来。

实际上，这时的波普尔本不应为这些事情心烦。他早已享誉英美，并在欧洲大陆也获得越来越高的声望。在德国，他的学生阿尔伯特·汉斯在传播他的思想，他的社会科学方法论已经引起重视（虽然无法和法兰克福学派相抗衡）。70 年代末，当德国政治气候发生变化、社会民主主义和新保守主义走向前台时，波普尔的思想也引起越来越多的人的兴趣。时任首相的H. 施密特亲自为一本介绍波普尔思想的著作写了序言和长篇导论。报纸、杂志都不断发表介绍波普尔思想的文章。尤其是他的《开放社会及其敌人》，好像又获得了新的生命。

在法国和意大利，波普尔的思想也被热情地介绍。随着他的主要著作被翻译成意大利文和法文，介绍他思想的著作也不断涌现。紧接着，他的祖国奥地利也开始宣扬他和他的思想，为他召开了隆重的八十寿辰庆祝大会和两次国际学术会议。奥地利的报纸和广播上充满了关于他的消息，称他是"伟大的奥地利哲学家"。在维也纳的街头，人们纷纷谈论着他的"开放社会"以及他对自由民主的捍卫。

在中欧，波普尔也留下了深深的印记。据剑桥大学的史学家伊斯托万·洪特回忆，当年他在布达佩斯大学读书时，他的导师秘密地把他领到一个书架前，上面摆着《开放社会及其敌人》。在波兰，他的思想甚至还促成了一次小规模的革命。

在中国，波普尔的许多著作陆续被翻译成中文，并引起了广泛的讨论。尽管他对马克思主义持批评的态度，但不能阻碍学者们研讨他的科学哲学思想乃至政治哲学观点。

1986 年，波普尔的妻子安妮于维也纳去世之后，他再次回到伦敦。他的秘书梅里塔和她的丈夫一起负责照顾这位老人的饮食起居。在他的房子里，这位伟大的哲学家尽情享受着世人对他的尊崇，接见来自世界各地的朝拜者，其中既有世界各地的哲学家，也有不同国家的政治首脑。

在最后的几年，尽管这位老人已是耄耋之年，但仍然独立生活。直到去世，他都笔耕不辍。据他身边的人观察，这时的波普尔比以往任何一个时期都要快乐。因为他在发现自己不可能完全整理好自己的手稿之后，就宣布放弃，所以再也没有工作上的压力。他开始喜欢讲话，同来访者谈论政治事件。他最喜欢谈论的是赫鲁晓夫的阴谋，而肯尼迪对古巴导弹危机的处理让他深感佩服（不过，据说当他得知肯尼迪有情妇时，感到十分沮丧，这在他看来是不可饶恕的罪过）。

波普尔没有儿女，他的一生只有妻子与他朝夕相伴。在妻子去世之后，他一直保持着独立的生活。甚至当他进入九十岁高龄之际，他都能基本照顾自己的个人生活，无须他人帮助，直到他去世。他希望保持自己生活的独立和尊严。1994 年 9 月 17 日，波普尔因癌症去世。按照他的遗嘱，人们为他进行了火葬，并将他的骨灰安置于他妻子安妮的墓旁边，他需要她的陪伴。

第 2 章

波普尔的科学哲学

对分析哲学的批判

科学家都有自己明确的问题进行研究，如物理学家研究物体的运动、物质的构成，化学家研究物质的变化和结合，等等。那么哲学家有自己的问题吗？有些人认为，哲学有问题，但没有答案。有的人认为，哲学连自己的问题也没有，所谓的哲学问题不过是语言混乱导致的，所以哲学工作就是分析语言，清除语言错误。波普尔这样描述当时的哲学："哲学家发现自己处于不同的地位，他的前面没有一个有组织的结构，而是一堆废墟似的东西。他不能求助于有一个公认的问题情境；因为人们公认的事实也许并不存在这样的问题情境。的确，哲学是否能走得如此之远乃至于提出一个真正的问题，现在已经成为哲学界经常讨论的问题。"

显然，波普尔对此状况很不满意。他说道："不过，仍然有些哲学家相信哲学能提出关于事物的真正问题，因而他们仍然希望对这些问题提出讨论，希望他们和现在被认作哲学的那种沉闷独白诀别。"（1934 年《研究的逻辑》序言）他引用了康德的一段话来佐证自己的观点："我认为，每当一个争论进行了一段时间，特别是哲学的争论，它争论的实质就绝不仅仅是一个关于词句的问题，而总是一个关于事物的真正问题。"

在晚年写成的自传《无尽的探索》中，波普尔回忆说，早在他 15 岁的时候，他就意识到纠缠于语词的用法和意义是无助于增长我们的知识的。在一次和父亲的争论中，波普尔陈述了下述观点："绝不要让自己被驱使去认真考虑词及其意义的问题。必须认真考虑的是事实的问题和关于事实的断言：理论和假说，它们解决的问题以及它们提出的问题。"后来，波普尔把这句话当作自己的座右铭来规诫自己。在他看来，为了咬文嚼字的问题而放弃真正的问题，"是一条走向理智毁灭的必由之路"。

时隔四十多年，波普尔仍然坚持自己以前的观点，认为尽管语言分析很重要，但语言分析学派认为没有真正的哲学问题，哲学的任务是分析语言的用法或者词的意义，这种看法是不对的。比如，在波普尔看来，关于宇宙的问题就是一个真正的哲学问题。这个世界从哪里来，它是怎么运作的，人在宇宙的地位如何，人类如何认识它，等等，这些问题都是很值得我们思考、探索的。而哲学和自然科学一样，为我们理解宇宙作出了贡献。如果哲学不能作出这一贡献，那将丧失自己的魅力。

语言分析派的哲学家们相信，只有语言分析法才是哲学研究应该采用的唯一重要方法，而在波普尔看来，这是一种错误的信念，是一种教条主义。波普尔说："哲学家和其他人一样，在追求真理中，可以自由地运用任何方法。哲学没有任何独特方法。"

波普尔提出，哲学的一个核心问题，或者说认识论的核心问题，那就是知识的增长问题。在他看来，研究知识的增长，最好的方法是研究科学知识的增长，语言分析并不能代替对科学知识增长的分析。

波普尔说，哲学研究并没有固定的方法，但不是说哲学研究不需要方法，哲学需要并采用的方法也不是哲学独有的。比如，有一种方法就是哲学的方法，那就是**理性讨论**的方法。什么叫理性讨论的方法？波普尔说，这就是清楚地陈述自己的问题，并**批判地**审查人们建议的对这个问题的各种解决方法。

波普尔深信，只有清楚地陈述自己的问题，并进行批判地讨论，才能发现并纠正自己的错误，从而得以进步。波普尔尤其强调批判的作用。他说："我对'**理性讨论**'和'**批判地**'用了黑体字是为了强调，我把理性态度和批判态度二者等同。这意思就是，每当我对一个问题提出解法时，我们应该尽我们所能地去试图推翻我们的解法，而不是去保护它。遗憾的是，我们中间很少有人实行这条规则。但幸运的是，假如我们自己不进行批评，别人会对我们进行批评。只有当我们尽可能清楚地陈述自己的问题，把我们的解决办法表述在足够确定的形式之中——一种可以接受批判性讨论的形式之中时，批判才会有效果。"

波普尔认为，埋头于日常语言或日常知识的分析，会错失认识论中最重要、最让人激动的问题。他说，我们可以想一下知识增长的问题。只要我们稍微思考，就可以明白，知识增长的大多数问题必然不只是跟日常知识相联系的，科学知识的增长才是知识增长的最主要、最有趣的实例。在传统知识论讨论（这是哲学史的一条主线）中，从柏拉图到笛卡儿、莱布尼茨、康德、迪昂和彭加勒，从培根、霍布斯和洛克到休谟、密尔和罗素，他们在研究知识论时都相信，这一讨论不仅能帮助我们理解知识，而且还能有助于知识的增长。

早在 20 世纪 20 年代初的时候，波普尔就意识到埋头于语言分析有使哲学堕落成咬文嚼字的烦琐哲学的危险，并明确地告诉了维也纳学派的克拉夫特等人。三十多年之后，波普尔再次重申自己的这一观点，他说："我已尝试说明，认识论最重要的传统问题——和知识增长相联系的问题——超越于语言学分析的两种标准方法，需要对科学知识作分析。但是我想做的最后一件事是，提倡另外一个原则。甚至对科学的分析——'科学哲学'——也有正在变成一种时髦、一种专门化的危险。然而哲学家不应该是'专门家'。至于我自己，我对科学和哲学感兴趣，只是因为我要懂得一些关于我们生活于其中的世界之谜和人对这个世界的认识之谜的东西。我相信，只有恢复对这些谜的兴趣，才能挽救科学和哲学，使他们离开狭窄的专门化，离开对专家的专门技巧和他们个人知识和权威的蒙昧主义信仰，这种信仰是如此充斥于我们'后理性主义'和'后批判'的时代，它得意地致力于破坏理性哲学的传统和理性思想本身。"

应该说，至少就科学哲学的发展来说，波普尔的这段话成了惊人的预言。短短 20 年之后，也就是从 80 年代开始，语言分析哲学开始衰落，几乎不能引起一般人对其讨论的丝毫兴趣。正如著名物理学家、诺贝尔奖得主斯蒂芬·温伯格所说的："对于这些神秘的讨论，没有人感兴趣。"他发现只有维特根斯坦、费耶阿本德等人的著作才有点意思（这些人都不是分析哲学家）。

归纳问题

在波普尔哲学的发展中，对所谓"归纳问题"的讨论和解决具有关键的地位。人们通常认为，经验的自然科学，其所以有效，是因为建立在对经验的归纳的基础之上。所谓归纳，是指从一定数量的经验事实观察中归结出这些事实共同具有的性质或结构。

伟大的古希腊哲学家亚里士多德曾在《前分析篇》中谈到简单枚举的归纳推理。这是有关归纳法的最早讨论。但归纳逻辑的真正创始人是 17 世纪英国伟大的哲学家弗朗西斯·培根。在《新工具》中，培根首次提出整理和分析感性材料的"三表法"，认为在此基础上，通过排除法、归纳法等方法，可以从特殊事实逐步上升，最后达到"最普遍的公理"。培根之后，19 世纪英国哲学家约翰·密尔对归纳逻辑进行了集成和进一步发展，总结了自培根以来经典归纳逻辑的成果。

到了 20 世纪，归纳法被进一步发展和推广，特别是逻辑实证主义把归纳法视为科学知识的基础。如逻辑实证主义的著名代表之一，《科学哲学的兴起》一书的作者莱辛巴赫说："这个原理（归纳原理）决定科学理论的真理性。从科学中排出这个原理，就等于剥夺了科学决定其理论的真伪的能力。显然，没有这个原理，科学就不再有权利将它的理论和诗人的幻想的、任意的创作区别开来了。"

我们可以举几个最常用的例子来了解归纳法。

看到的冰是冷的，所以：所有冰都是冷的。

看到弹子球在球杆击打的时候移动，所以：所有弹子球都在球杆击打的时候移动。

再比如：所有观察到的乌鸦都是黑的，所以：所有乌鸦都是黑的。

科学哲学家查尔莫斯在《科学是什么》一书中把归纳原理表述为："如果大量的 A 在各种各样条件下被观察到，而且如果所有这些被观察到的 A 都无例外地具有 B 性质，那么，所有 A 都有 B 性质。"他认为，如果接受朴素归纳主义的观点，那么，这个原理或者十分类似的原理就是科学确立于其上的基本原理。

喜欢思考的读者会发现，这一推理的前半部分和后半部分之间有一个跳跃。它实际上是从单称陈述（或者特称陈述），比如观察实验的记录，过渡到一个全称陈述（普遍命题或假说）。波普尔指出："从逻辑的观点来看，显然不能证明从单称陈述（不管它们有多少）中推论出全称陈述是正确的，因为用这种方法得出的结论总是可以成为错误的。不管我们已经观察到多少只白天鹅，也不能证明这样的结论：**所有**的天鹅都是白的。"

波普尔不是第一个质疑归纳推理的人。实际上，我们可以把归纳问题称为"休谟问题"，这是因为，英国哲学家大卫·休谟（David Hume）在《人性论》第一卷及其改写本《人类理智研究》中首次对归纳推理进行了批判质疑。他认为，演绎推理是观念间的推理，仅凭思维的作用就能进行，所以，演绎推理的结论具有必然性，如数学推理。但是，演绎推理不涉及对经验世界的断言。而归纳推理是一种涉及实际事实或存在的推理，由于归纳推理只能涉及有限的经验事实，并不能保证结论在未来仍然具有必然性，因此是或然的。休谟说："说到过去的经验，那我们不能不承认，它所给我们的直接的确定的报告，只限于我们所认识的那些物象和认识发生时的那个时期，但是经验为什么可以扩展到将来，扩展到我们所见的仅在相貌上相似的别的物象，则这正是我所欲坚持的一个问题。"

相比之下，演绎推理之所以具有必然性，是因为其前提已经暗含着结论。如所有的人都会死，苏格拉底是人，所以苏格拉底会死。"苏格拉底会死"这个结论已经暗含在"所有的人都会死"这个前提之中，所以说，演绎推理并没有为我们增加新知识。与演绎推理不同的是，归纳推理的结论则超出了前提的内容，所以如何保证归纳推理的结论为真，是一个重要的哲学问题。

休谟质疑归纳推理，本质上是对经验的普遍性或自然齐一性提出了怀疑。人们在亚洲看到的天鹅是白的，在欧洲大陆看到的天鹅也是白的，于是归纳得出全世界的天鹅都是白的。但后来，人们在澳大利亚发现了黑天鹅，所以通过归纳得出的"所有的天鹅都是白的"，马上就被推翻。休谟对归纳推理的质疑，从根本上动摇了人们对科学知识的信念，也使得康德从"教条主义的迷梦中惊醒过来"。自此，科学知识的真理性问题始终无法绕过归纳问题。在休谟看来，从"太阳过去每天都从东方升起"，不能得出"太阳明天还是从东方升起"或"将来的某一天太阳从东方升起"之类的结论，这样的推理缺乏逻辑上的根据。

实际上，休谟还指出，归纳原理不仅不可信，而且还暗含着逻辑上的无穷倒退。休谟指出，那些认为归纳原理可靠的人说，归纳原理经过了很多次的证明，因而是可靠的。这种证明可以表示如下：

归纳原理在场合 1 是可靠的；

归纳原理在场合 2 是可靠的；

归纳原理在场合 3 是可靠的；

…………

所以，归纳原理是可靠的。

这同样是归纳论证，本身就有待证明，因此陷入了循环论证。

对归纳方法的另外一个著名批评是罗素的"归纳主义鸡"。有一只火鸡，第一天听到主人打铃，接着就吃到了食物；第二天在听到打铃之后，再次吃到了食物。这只火鸡并没有轻易得出结论。它仔细等待，最终发现，无论是阴天，还是晴天，无论是雨天，还是雪天，无论是夏天，还是秋天，每天的早上铃响之后，它总能吃到美餐。于是这只足够谨慎的火鸡，根据几个月来的经验，归纳出一个结论：铃声响后，就有美食。然而，没过多久，在圣诞节到来之际，这只火鸡的归纳主义美梦终于惊醒：一天早上，当它听到铃声后，兴致勃勃地冲过去。这一回等待它的，不是美食，而是主人的屠刀。它成了主人餐桌上的美食。

康德曾试图摆脱这个困难。实际上，康德之所以写作《纯粹理性批判》这部著作，其原因在很大程度上就是为了解决休谟问题（即归纳问题）的挑战。在他看来，哲学家不能解决为什么知识是可靠的这一问题是哲学的耻辱。但是，波普尔指出，康德的解决办法并不成功，因为他把归纳原理（或普遍因果性原理）看作是"先验"的，因此实际上是避开了这一困难。

同样的，逻辑实证主义也需要面对休谟问题的挑战。与康德诉诸先验概念不同，逻辑实证主义向概率退却。因为，正如休谟所指出的，数量有限的事实并不能证实一个理论，或者说从有限的经验事实中并不能推论出一个普遍命题。即便是重复再多次的实验，也不能挽救这一困难。所以，逻辑实证主义者求助于概率。莱辛巴赫说："我们将归纳原理描述为科学借以判定真理性的手段。更确切地说，我们应该说：它的作用是判定概然性。因为科学并不能达到真理或谬误……科学陈述只能达到一系列不同程度的概然性，这种概然性不可能达到的上限和下限就是真理和谬误。"

我们不能仅仅因为许多天观察到日落，就确定太阳将每天落下（可以设想的情况是，在北极和南极，有时太阳并不是每天都落下的）。我们也不能根据以往的经验确定，一块坠落的石头永远不会往上"掉"。但是，固然通过归纳得到的概括并不能保证百分之百是真的，它们却很可能是真的。根据以往的经验，在南京，太阳每天都会落下，而石头坠落时总是不会向上"掉"。换句话说，我们的科学知识尽管不是确定的知识，但它**很可能**是真的知识。形成归纳基础的观察数目愈大，这些观察在其中进行的条件愈是多种多样，所得概括是真的可能性就愈大。

对于这一说法，波普尔仍然并不认可。他认为，向概率退却并不能解决归纳问题。因为，为了证明那些根据一定事实得到的命题，仍然需要归纳推理，可能形式上少有变化。即便是声称这个结论仅仅是概然的，最终仍然会导致无穷倒退或先验论。因为，如果采用这种修改了的归纳原理，一种概率形式的归纳原理，即"如果大量的 A 在各种条件下被视察到，又如果所有这些观察到的 A 无例外地具有 B 性质，那么，所有 A 很可能具有 B 性质"，这种形式的归纳原理仍不能克服归纳问题。实际上，重新表述的原理仍然是一个全称陈述，也就是仍然有待证明自己的可靠性或有效性。

波普尔对归纳问题的重新表述

应该说，正是波普尔对归纳问题的表述和解决，使得归纳问题再次成为引起人们普遍关注的问题。据波普尔所说，早在 1927 年，他就找到了解决归纳问题的办法，不过当时没有发表。后来在 1933 年的一篇论文及 1934 年的《研究的逻辑》中，他发表了对归纳问题的解决办法。后来在 1971 年《猜想的知识：我对归纳问题的解决》一文（后收入《客观知识》）中，波普尔再次阐述了他对归纳问题的处理。

波普尔对归纳问题作出了最为精彩、清晰的阐述。首先，他描述了跟归纳法相关的常识观念。他说："知识的常识理论就是以'我们没有什么知识不是通过感官而获得的'这一主张而赫赫有名的理论……但是我们的确有期望，并且非常相信某些齐一性（自然规律、理论）。"一方面，我们的常识认为，我们所有的知识都是通过我们的感官，通过经验事实得到。同时，我们还相信，自然界是性质稳定的，有规律的。但是，这两种信念之间并不是融贯的。

波普尔说，与此相关的问题是：这些期望和信念是怎样产生的呢？

常识的回答是：通过过去进行的重复观察。我们之所以相信明天太阳会升起，是因为它过去就是如此。

接下来，波普尔又重新表述了休谟的归纳问题。休谟提出了两个问题，一个是逻辑问题（HL），一个是心理学问题（Hps）。

逻辑问题是：HL 从我们经历过的（重复）事例推出我们没有经历过的其他事例（结论），这种推理，我们证明过吗？

休谟的回答是：没有证明过。而且休谟还指出，即便是在结论前面加上"可能"这个词，或者用"事例的可能性"来代替"事例"这个词，逻辑上完全一样，正如我们在前文中已经提到的。

然而，为什么所有能推理的人都期望并相信他们没有经历过的事例同经历过的事例相一致呢？也就是说，为什么我们有极为自信的期望呢？

休谟的答案是：由于习惯或习性，或者说由于我们受重复和联想的机制所限。

众所周知，休谟由于无法解决归纳问题而走向了怀疑论。他最终认为，所谓知识，不过是我们习惯的、非理性的信念而已。休谟的这一观点动摇了知识的基础，如果不予解决，人们很难再有足够的理由接受科学知识的可靠性。正如罗素所说："一切打算从个别观察结果得出普遍科学规律的做法都是错误的。"这样，科学知识就失去了根基。

波普尔说："如果接受我对归纳问题的解决，所有这些冲突都会消失：在我的非归纳理论和理性、经验主义或科学程序之间没有任何冲突。"下面让我们看一看，波普尔是怎样解决归纳问题的。

波普尔对归纳问题的解决

波普尔相信，他对归纳法的解决将消除休谟问题导致的非理性主义。首先，波普尔剔除了休谟问题 HL 中的心理因素，用客观性的术语把这个问题重新表述为几个问题：

L1：解释性普遍理论是真的这一主张能由"经验理由"来证明吗？也就是说，能由假设某些试验陈述或观察陈述（人们可能说这些陈述"以经验为根据"）为真来证明吗？

波普尔表述的这一问题的意思是说：对于那些普遍性的科学理论，能由一些试验陈述或观察陈述（试验报告或观察报告）来证明其为真吗？与休谟一样，波普尔认为：不能。没有任何真的试验陈述能证明普遍性理论是真的这一主张。

第二个逻辑问题从第一个逻辑问题中得来，是第一个问题的普遍化：

L2：解释性普遍理论是真的或是假的这一主张，能由"经验理由"来证明吗？即：假设试验陈述是真的，能够证明普遍理论是真的或者证明它是假的吗？

请注意：这个问题的表述比上个表述多出了"或是假的"，"或者证明它是假的吗"。也就是说，我们既有可能用经验陈述来证明一个理论为真，也有可能证明这个理论为假。波普尔说："我对这个问题的回答是肯定的。是的，假设试验陈述是真的，有时允许我们证明解释性普遍理论是假的这种主张。"

在科学史上，常常同时存在几种竞争性理论来处理同一个科学问题，于是如何从这些竞争性的理论中选择理论就会成为一个重要问题。波普尔进一步提出了归纳问题的第三个表述形式来处理这一问题。

L3：在真或假方面，对某些参与竞争而胜过其他理论的普遍性理论加以优选曾经被这样的"经验理由"证明过吗？

根据波普尔对归纳问题第二个逻辑表述的肯定回答，这个问题的答案也是显而易见的，那就是：是的。对于这些竞争性的理论，观察陈述或试验陈述可以证明某些竞争理论是假的。一般来说，科学家将会放弃那些已经被证明为假的理论，而选择那些还没有被证明为假的理论。

以上就是波普尔对归纳问题的解决。其最重要的意义，在于我们没有丧失对科学知识的信心而走向非理性。其中有几个关键问题仍需稍作解释。

波普尔表述的 L1 与休谟的 HL 相比有些不同。其中，休谟问题问的是我们有没有证明过从过去的经验实例中推出未来的事例。而波普尔的转变是：我们从观察陈述或试验陈述（已有的经验事实）能否证明普遍性的科学命题。因为，从普遍性科学命题能够推论出更多的其他事例（也就是未来事例）。这样，归纳问题就和科学规律或科学理论联系了起来。

但是，像休谟一样，波普尔也对 L1 给予了否定回答。也就是说，我们不能根据经验事实（观察陈述或试验陈述）来证明一个科学理论。反过来说，所谓的科学理论并不能根据经验事实得到证明。顺便说一下，这一观点直接挑战了逻辑实证主义的科学哲学理论，该理论认为：科学理论可以通过观察陈述或试验陈述而得以证实。这就引出了波普尔的一个极其重要的洞见：我们必须把所有的规律或理论看作是假设或猜想，即看作是猜测。应该说，这个现如今已经是常识的观点，是波普尔的伟大贡献。

但是，正如波普尔所说，科学理论本质上不过是假说和猜想这一说法在他提出之后很长时间里才为人们所接受。哲学家们一度反对这个说法。波普尔举例说，剑桥大学的哲学家吉尔伯特·赖尔曾于 1937 年著文批驳波普尔的这一观点，认为"所有一般的科学命题……都仅仅是假设"这个说法是错误的。应该说，类似赖尔的观点长期以来代表着人们对科学的传统看法，即把科学理论视为已经确证的可靠知识，如牛顿物理学就是这类知识的最有名的代表，是公认的成功的、确立了的"科学理论"。

此类常识看法或主流看法实际上反映的是一种教条主义的态度，即不再对这些已经确立的理论有任何批判、怀疑的努力。波普尔说，爱因斯坦理论的出现是对这种观点的最好否定，它表明即便是牛顿理论这样伟大成功的理论，也最终被证明为不过是假说或猜想，也就是说它并非最终被确立的理论。除了牛顿物理学这一最具代表性的例子之外，在科学中可以随手举出更多类似的例子，如 1895 年电子的发现证明了关于原子是最小微粒的理论不过是假说，1931 年发现的重水证明了人们原来关于氢和水的认识不过是猜想或假说。

我们可以再以波普尔记录的斯特劳森对这一观点的抵触态度为例，来了解最初人们接受"科学定律是假说"这一观点有多么困难。斯特劳森说："我们接受'基本原理'……是自然界强加给我们的。……理性是，而且应当是感情的奴隶。"即便是我们从理性上得到"科学定律不过是假说"这一结论，但我们在感情上还是不能接受，因为"理性不过是感情的奴隶"。

划界问题与可证伪性

波普尔对归纳方法的批判，直接带来另外一个重要的问题，那就是，什么是科学？或者说科学区别于其他知识的地方是什么？因为长期以来，人们认为科学是经验科学，是得到事实证明的科学。但如今，波普尔指出，人们不可能证实一个科学理论，所有的科学理论不过是假说或猜想。那么，与其他知识相比，科学还有自己的独有的特点吗？或者换句话说，我们如何把科学与非科学区分开来呢？

逻辑实证主义的口号就是要在科学中清除形而上学，并采用证实标准来划分科学与形而上学，认为科学的意义就在于其可证实性。如果取消了证实性标准，那么在科学与形而上学之间的差别将不复存在。对此，波普尔回答说："我摈弃归纳逻辑的主要理由，正是在于它并不提供理论系统的经验的、非形而上学性质的一个合适的区别标志，或者说，它并不提供一个合适的'划界标准'。"

什么是划界问题？对此，波普尔有明确的定义："找到一个标准，使我们能区别经验科学为一方，数学及逻辑以及'形而上学'系统为另一方，这个问题我称之为划界问题。"波普尔把划界问题称为"康德问题"，因为是康德最早明确提出这一问题的。为了解决康德问题，必须提供一个足够清楚的标准，以把经验科学知识从非科学的（如形而上学）知识区分开来。

几百年来，对康德问题的解答都是诉诸归纳，或者经验事实，来作为科学知识的划界标准。但是波普尔在否定了归纳法之后，提出了一个他自认为更好的划界标准，这一标准可以避免归纳标准遇到的困难。波普尔指出，与休谟问题（归纳问题）相比，康德问题（划界问题）更加基本。因为，经验主义者，特别是实证主义者之所以坚持归纳法，其主要原因正在于他们相信只有归纳法才能为经验科学提供恰当的划界标准。无论是老的经验主义者，还是现代实证主义者，他们都认为科学命题或概念可以还原为单个的经验事实，或者感性经验要素，或者用现代实证主义的术语说，还原为基本的经验陈述（原子事实）。因此，波普尔清楚地看到，要拒斥归纳法，势必要拒斥实证主义的划界标准。

实际上，对于经验主义来说，他们主要的划界目标是区分科学与形而上学，然后把形而上学作为无聊的废话从科学中清除出去。但是波普尔指出，实证主义者在试图消灭形而上学的同时，也消灭了自然科学。因为他们坚持一切科学命题和概念都可以还原为原子事实或基本经验要素，但是他们没有想到，绝大多数的科学原理（或自然规律）并不能还原为这样的原子事实（这是因为在普遍规律和事实之间存在着逻辑上的鸿沟，正如归纳问题已经表明的）。如此一来，这些自然规律就是无意义的废话，需要从科学中清除出去。所以，实证主义的划界标准根本就是不成功的标准，不但不能区分科学和形而上学，而且还会把科学理论自身排除掉。

与试图从科学中清除形而上学的逻辑实证主义者不同，波普尔认为，形而上学对科学来说并不是毫无意义的废话，因为有的形而上学阻碍了科学的发展（如自然位置等概念），有的形而上学则促进了科学的发展（如原子论）。波普尔说："假如没有对纯思辨的有时甚至相当模糊的思想的信仰，科学发现是不可能的。这种信仰，从科学的观点来看，是完全没有根据的，因而在这个限度内，是'形而上学'的。"所以，即便是明确了科学和形而上学的界限，也没必要把形而上学从科学中驱除出去。

对于波普尔来说，问题的关键不是思考形而上学有没有意义，而是找到一个标准来区分科学和种种伪科学。正如他在早年遭遇到弗洛伊德心理分析理论和阿德勒个体心理学所想到的那样，这些貌似科学的理论和爱因斯坦的科学之间的区别到底在哪里？

首先，尽管他否定了逻辑实证主义的证实标准，但他仍然清醒地看到，自然科学毕竟是关于这个世界的理论，是关于现实的理论，因此科学一定是与经验相关联的，任何脱离现实世界的、脱离经验的理论肯定不是科学。因此，波普尔说："这种表示我们经验世界的系统（即自然科学系统）是如何被区别出来的呢？回答是：根据它经历了并且经受住了对它的检验。"也就是说，自然科学是关于经验的科学，那么科学哲学（或者知识理论）就是关于经验的方法论，也就是研究经验方法的理论。

波普尔说，从"为经验所证实的"单称陈述推论出理论，这在逻辑上是不允许的，所以理论在经验上是绝不可证实的。但如果要想避免实证主义所犯的错误（即把科学理论自身也排除掉），需要寻找一个标准，这个标准能在区分出形而上学的同时不会把科学理论也排除在外。

此时，我们可以想到波普尔在阿德勒心理诊室时的经历。阿德勒总是在寻求证明其理论的证据，在他看来，不论发生了什么事情，都可以确证他的理论。与此类似的还有弗洛伊德和马克思的理论。这些理论一度让波普尔迷恋，直到碰到爱因斯坦。波普尔清楚地看到，与前述几位不同的是，爱因斯坦提出一个理论之后，不是先急着去证明它，而是想尽办法去反驳它。他根据自己的理论提出一个预言，然后用观察和实验予以检验。1919年与爱因斯坦的遭遇，使得波普尔明白，那些只想着证明自己的理论，不是真正的科学。因为，确证一个理论很容易，只要我们愿意去确证一个理论，任何一个理论。

正是在那时，波普尔获得了他人生中也许是最重要的洞见，那就是对于科学探究来说，其特点就在于：当提出一个假说或猜想之后，科学家们并不是寻找支持这一假说的证据，而是寻找它的缺点和错误，寻找能反驳它的材料。

另外，波普尔发现，在理论的可证实性和可证伪性之间存在着逻辑上的不对称。这种不对称表现为：即便是你得到一千次的肯定的实验结果，你仍然无法证实一个理论；但你只要有一次否定的结果，就可以证伪这个理论。通俗地说，你观察到一千只白天鹅，都无法证实"所有的天鹅是白的"这一理论，但你只要观察到一只黑天鹅，就可以证伪它。

由此，波普尔提出了著名的可证伪性标准，来区分科学和非科学。波普尔说："我当然只在一个系统能为经验所检验的条件下，才承认它是经验的或科学的。这些考虑提示：可以作为划界标准的不是可证实性（verifiability），而是可证伪性（falsifiability）。"按照他的说法，可证伪性标准不企图一劳永逸地确立一个科学理论，而是要求科学理论具有如下的形式：它能在否定的意义上借助经验检验的方法被挑选出来，也就是说：**经验科学系统必须有可能被经验反驳。**

波普尔论证说，尽管从逻辑上说证实是不可能的，因为再多数量的观察或实验都是有限的，而普遍命题是无限的，所以概率等于零，不能从有限的结果中推出无限的理论。因此波普尔说，我们要放弃归纳推理的证实，从演绎逻辑入手来验证一个理论。根据逻辑学中的否定后件推理，如果从一个前提 p 可以推出一个结果 q，但现实是非 q，那么 p 就是错误的。波普尔说，从演绎推理进行的检验在逻辑上是允许的。因此，如果从一个理论中可以演绎地推论出一个结果，那么我们就可以对这个结果进行检验，从而在逻辑上就有了证伪这个理论的可能性。这是波普尔证伪方法的逻辑学基础。

我们可以举一个简单的例子来说明：

根据广义相对论，可以演绎得出：光线经过大质量物体（如太阳）时被引力弯曲；如果现实中测得光线经过大质量物体时没有弯曲，则广义相对论是错误的，被证伪。

现在我们可以用波普尔的话来总结一下他关于划界标准的基本观点。在自传《无尽的探索》中，波普尔说："在这个时期的早期，我进一步发展了关于科学理论（如爱因斯坦的理论）与伪科学理论（如弗洛伊德和阿德勒的理论）之间分界的思想。我已经明白：使一个理论或一个陈述成为科学的是它拒绝或排除一些可能事件发生的能力——禁止或阻止这些事件发生的能力。因此，**一个理论禁止得越多，它告诉我们的就越多。**

"虽然这个思想是和一个理论的'信息内容'的思想密切联系的，并且概括了后者的思想，但是在那时，我没有使它发展得超过这一点。……

"这里我将就分界问题和我的解答再说几句话：

"（1）正如我最先想到的一样，分界问题不是区分科学和形而上学的问题，而是区分科学和伪科学的问题。

"（2）如果有人提出一个科学的理论，那么他就应该像爱因斯坦所做的那样回答这个问题：'在什么条件下我会承认我的理论是站不住脚的?' 换言之，我会承认哪些可设想的事实是对我的理论的反驳或否证？

"（3）我曾对这样的事实感到震惊，即历史决定论者（他们声称他们是社会科学家）和各种学派的精神分析学家都能把任何可设想的事件解释为对他们理论的证实。这与我的分界标准一起使我得到如下观点：只有作为反驳而不成功的尝试性反驳才算得上是'证实'。

"（4）我发现每一个理论对于批判都能'免疫'（如增加辅助假说来避免被证伪），……另一方面我也认识到，我们不必排除一切免疫，甚至不必排除一切引入特设性辅助假说的免疫。例如天王星运行轨道的异常曾被认为是对牛顿理论的否证，但可以引入一颗外层行星对其影响的辅助假说，以使理论免疫。这样做的结果是幸运的，因为这个辅助假说是一种可检验的假说。……后来，我引入了可检验性程度，而可检验性程度原来与内容（的程度）有密切联系，并且是惊人地富有成果：增加内容成了我们是否应该试探地采纳一个辅助假说的标准。

"（5）作为一种概括，借助于例子来说明各种类型的理论体系怎样与可检验性（或可证伪性）与免疫程序有关，这也许是有用的。(a) 纯粹形而上学的理论。(b) 类似弗洛伊德、阿德勒和荣格的分析理论或类似占星学那样的理论。无论（a）或（b）都是不可证伪的。(c) 有一些朴素的理论，如'所有的天鹅是白的'等。(d) 马克思主义的例子是有趣的（波普尔认为马克思本人的理论是可证伪的，但后来的马克思主义者却规避证伪，把马克思主义变成了庸俗的马克思主义）。（e）牛顿的或爱因斯坦的引力理论那样的更抽象的理论，这些理论是可证伪的，比如没有发现预言的摄动，或光线的弯曲等。"

有几个问题仍需要注意。首先，波普尔的标准不是意义标准，也就是说，不能证伪的理论如形而上学，不一定是没有意义的。其次，这个标准不是针对一个孤立的理论陈述，而是针对一个完整的系统理论。

另外一个需要特别注意的是证伪和可证伪性的区别。可证伪性是对经验科学的一种要求，以确保其陈述或命题具有经验的特征。而证伪则指的是能有效反驳某些命题并导致它因为错误而不再被接受的过程。一个理论要被证伪，需要很多的条件，不一定因为某次观察或实验就能被证伪，因为也许这一观察或实验存在问题（如设计错误、观察错误等）。实际上，波普尔不断提醒人们注意这一差别：可证伪性只是指的一个理论被证伪的可能性，这才是科学理论的标准。而证伪则是实际发生的过程，在现实中，一个理论并不是很容易就被证伪的。

此外，波普尔还提出了可检验度的问题。对于不同的命题，如果这个命题所含的信息量越少，它就越难证伪。如一个人说，北京将要下雨。这个命题很难被证伪，因为它含的信息量太少。毕竟，总有一天北京会下雨。但是如果说北京要在2012年夏天下雨，其中的信息量较之前面那个命题就更多一些，毕竟也许2012年夏天北京不会下雨。如果说北京南部将在2012年8月12日下雨，那么这个命题的信息量就更大了，而被证伪的可能性也更大。

信息量越丰富，告诉我们关于这个世界的知识就越多，被证伪的风险也就越大。对于科学家来说，他们追求的就是这些信息量极大的命题。因为任何信息量极小的高概率事件的命题（如北京会下雨、某某人会死等），虽然不能被证伪，但基本上没有给我们传达关于这个世界的任何新的知识。只有那些极有可能被证伪的知识，才对世界作出了精确的描述和预言，才会面临各种极为严格的检验，换句话说，它的检验度就越高。

如果一个理论通过了检验（亦即没有在实验或观察中被证伪），那么这个理论就获得了一定的确认度。如果它通过的检验越多，它的确认度就越高，人们对它的信心也就越强，它也就会成为更占优势的理论。

显然，波普尔很重视经验事实的检验，但是他把经验检验限制在明确的范围内，那就是：经验检验只能证伪一个理论，而不是证实一个理论。所以，波普尔说："通过观察来反驳一个理论的可能性是所有经验检验的基础。因为，对一个理论的检验，像任何严格的检查一样，通常是试图证明被检查者是错的，这是说，这个理论推出了一个错误的断言。从逻辑的观点看，所有的经验检验都是反驳的尝试。"

按照这样的观点，经验、观察、实验不再是基础，不能在上面构造出科学；毋宁说，它们发挥着某种控制性的功能，或者作为科学性的保证，只赋予那些有可能检验的理论以科学的地位。

经验基础的批判

但是，正如我们在前文所说，有时候观察或实验结果并不能真正地证伪一个理论，其中一个理由就是：也许这个观察或实验结果是错误的。一个错误的观察或实验是不能证伪一个理论的。像大多数人一样，逻辑实证主义者们并没有透彻地反思经验基础问题。如逻辑实证主义的主要代表人物卡尔纳普就把观察陈述或记录语句这样的基本经验视为科学的最终基础，是不容置疑的。

经验基础，或者换句话说，记录实验或观察结果的单称陈述，主要涉及知觉经验（观察者或实验者的知觉）和基础陈述（观察者或实验者的记录）之间的关系。以往哲学家对这个问题并没有给予足够清晰的认识和分析。按照通常（如逻辑实证主义）的看法，我们的科学陈述直接描述了我们的知觉经验，这被认为是当然之理。

但是波普尔指出，这样的说法在面对归纳问题和普遍概念问题时失败了。因为并不存在纯粹的、直接的感觉经验，或者说人们常说的"直接的经验基础"并不存在。这是因为：所有的描述都使用名称（或符号），这些名称超出了直接经验的范围。如"这个玻璃杯里有水"，这句陈述就不能为任何观察经验证实。理由是：在这句话里，使用了玻璃杯、水等普遍概念，这些概念都不能和特殊知觉经验相联系。

所以，卡尔纳普用"记录语句"来代表知觉经验，于是科学处理的只是记录语句，而不是知觉经验。卡尔纳普说，记录语句是科学系统的最终基础，是不需要验证的，因为它描述的是"最简单的事实"。

纽拉特对此提出了不同的观点。他认为，记录语句不是不可取消的，或者说，记录语句不是神圣不可置疑。纽拉特认为，可以删除某些和科学系统不一致的记录语句，或选择这些记录语句，并对系统进行修改，以使系统和这些语句相一致。

只是纽拉特并没有进一步讨论下去。接下来的问题是：如果可以随意地删除记录语句，那么每一个系统都将成为可辩护的、可以逃脱证伪的系统。因此纽拉特虽然避免了教条主义，但却走向任意和混乱。通俗地说，如果任何一个理论系统都可以任意选择某些记录语句（通俗地说，观察或实验结果），放弃某些记录语句，那么这些系统都可以自称是经验科学，并用它自己选择的记录语句（卡尔纳普所说的"最简单的事实"）为自己辩护。

因此，仍有两个重要问题有待解决：一、所谓的经验基础，还有没有客观性？或者换句话说，自然科学还有没有客观的经验基础？二、当我们在删除或选择一个记录语句时，我们如何能避免任意性？

波普尔对第一个问题的回答是：我们要放弃以上的问题。我们不能再试图把自然科学建立在某种客观的"经验基础"之上，因为这是不可能做到的，因为根本就不存在绝对的、无可反驳的经验事实。我们应该问的是：我们如何根据科学陈述的演绎推断来检验它们？波普尔说，这样一种检验是可能的。在经验科学中，可以把演绎推断分成许多小的步骤，每一个步骤到下一个步骤都可以进行明确的检验。如果你坚持一个不同的、与之相矛盾的断言，那么你应该提供如何检验的明确方法。

对于第二个问题，波普尔的回答是这样的：首先，你要保证你的基础陈述（或记录语句）是在不同主体间可检验的，也就是可观察的。换句话说：基础陈述就是断言在空间和时间的一定的个别区域里一个可观察事件正在发生的陈述。其次，对基础陈述的检验总会终止，不会无穷尽地进行下去，就是说我们总会决定接受或放弃某一个基础陈述。用波普尔的话说，如果检验引导我们终止于某一点，这就等同于说"我们满意了"，这意味着各种研究者们达成了一致意见。如果没有达成一致，就会继续进行下去。可以看出，波普尔用科学家之间的约定来回答第二个问题：接受或拒绝一个基础陈述不是个人任意的行为，而是在科学家之间达成约定的行为。它告诉我们：不应该接受零散的或孤立的基础陈述，而应该在检验理论的过程中，在提出关于这些理论的探索性问题的过程中接受基础陈述。

对第二个问题的回答暗示着一个极其重要的洞见：那就是科学不是经验事实（或记录语句）的累积，不论你积累了多么丰富的记录语句，它们绝不能加在一起成为科学。科学需要观点和理论。反过来说，没有纯粹的经验事实，所有的观察和实验都是在理论指导下进行的。需要指出的是，波普尔说，理论的检验依赖于基础陈述，而基础陈述的接受或拒绝则依赖于科学共同体根据现有理论及其应用达成的决定。这一决定具有约定的性质，但这种约定与约定主义者的约定是不一样的。约定主义者的约定是指科学家因美学或心理标准而选择理论，而波普尔的约定则是指科学家根据理论及其演绎推断的检验情况来接受或拒绝某个基础陈述。

波普尔对经验基础的批判颠覆了我们对科学基础的日常认识。他说："因此，客观科学的经验基础没有任何'绝对的'东西。科学不是建立在坚固的基岩上的。可以说，科学理论的大胆结构耸立在沼泽之上。它就像树立在木桩上的建筑物，木桩从上面被打进沼泽之中，但是没有到达任何自然的或'既定的'基底；假如我们停止下来不再把木桩打得更深一些，这不是因为我们已经达到了坚固的基础。我们只是在认为木桩至少暂时坚固得足以支持这个结构的时候停下来。"

知识增长的图式

通过对归纳问题和划界问题的思考，波普尔进一步提出了科学知识进化增长的图示，简洁凝练地表达了他的思想。在1962年发表的演讲《云和钟》中，波普尔用了几个简短的命题总结阐述了他的知识增长进化的观点。现摘录如下：

（1）所有的有机体昼夜不断地从事于解决问题。

（2）这些问题是客观意义上的问题，即可以根据事后认识加以重建的问题。

（3）解决办法是通过试错法进行的：新的反应、新的形式、新的器官、新的行为方式、新的假设，都是试探性提出来，并受排错法控制的。

（4）排错或者可以通过排除完全不成功的形式，或者通过控制进化或抑制不成功的形式、行为或假说来进行。

…………

（7）用"P"表示问题，用"TS"表示试探性解决办法，用"EE"表示排除错误，我们可以把各种有机体（包括人）获得知识的基本进化序列描述如下：

图示 1　　　　　　　$P \rightarrow TS \rightarrow EE \rightarrow P$

这个图示不是循环的，也就说后面的问题不是前面的问题，因为有机体经过试探性办法，已经产生了新的问题情境。因此以上图示可以重写为：

图示 2　　　　　　　$P_1 \rightarrow TS \rightarrow EE \rightarrow P_2$

（8）但即便是图示 2，仍然丢了一个重要因素：试探性解决办法的多样性，尝试的多样性。因此图示 2 还可以修改为：

图示 3

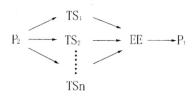

波普尔在这里形象地指出，从原始的阿米巴虫，到人类最伟大的科学家爱因斯坦，其解决问题获得知识的过程都是如此。波普尔说："从阿米巴虫到爱因斯坦只有一步。"但是阿米巴虫毕竟不是爱因斯坦。阿米巴虫最终解决问题完全是通过自然选择进行的，但人类，特别是像爱因斯坦这样的有批判精神的科学家，可以通过自己的理性思考选择最有可能成功的某个或某几个解决办法。科学的试错是通过科学家提出的假设组成的，然后用实验、观察和理论批判不断地消除错误，从而获得知识的增长。

1966 年，波普尔又修改了他的知识进步图示，用"TT"即"试探性理论"代替了原来的"TS"即"试探性办法"，从而知识增长图示变为：

图示 4 $P_1 \rightarrow TT \rightarrow EE \rightarrow P_2$

这个图示的意思是说：为解答问题，人们（如科学家）提出了一个（或多个）试探性理论，然后通过反驳、批判或检验，不断消除错误，然后随着事情的进展又出现了新的不同的问题。按照波普尔的可证伪性标准的要求，新的问题涉及更普遍的范围，新的猜测性理论是普遍水平更高的理论，由此科学知识就不断地获得进步。就知识增长来说，显然，图示中的第二步（TT）和第三步（EE）是核心，代表了"猜想"与"反驳"，是知识增长的最重要的部分。

科学的道路

正如波普尔的妻子安妮所说，波普尔的思想智慧集中体现在他的科学哲学里，而他的科学哲学思想又集中体现在他对归纳问题和划界问题的解答上。通过对这两个问题的解答，波普尔给我们描述了一个几乎是革命性的科学图景。

在《科学发现的逻辑》一书正文的最后，是一篇题为《科学的道路》的文章。其中，他总结了自己关于科学的基本观点，阐发了一种全新的科学观。

人们通常认为，科学处于不断进化的过程之中，从普遍性较低的水平不断发展到普遍性更高的水平，这种发展是通过对科学事实的不断归纳而实现的。波普尔指出，这一发展并不是由归纳导致的，可以用不同的术语来描述这一进步，那就是可检验度。也就是说，普遍水平越高的理论，它可检验的程度就越高。人们不断提出普遍水平越来越高的理论，运用演绎的方法推出可以检验的命题；与旧理论相比，新理论包含了更多的信息内容，因而检验更加严格，条件更加苛刻。

但是，既然科学不断地向普遍性更高的方向上发展，那为什么不能直接提出普遍性最高的理论？波普尔说，这是因为，任何普遍性的理论都要经受经验的严格检验，而经验的严格检验又是受当前科学理论水平和实验水平所限制的。如果提出的理论超出了当前科学理论和实验水平能够检验的范围，那这一理论就会具有"形而上学"的性质。就像在古希腊提出的原子论，由于那时的科学远远不能对这个理论进行检验，所以它就成为一种形而上学，一直到 19 世纪乃至 20 世纪才变成可检验的科学理论。

波普尔由此提出了一个比喻，来描述科学发展的图景。他把种种思想和假说看作是悬浮在液体中的粒子，可检验的科学是这些粒子在容器中不断出现的沉淀物。在最上面，是最新提出的假说和猜想，接下来的一层，是现在公认的科学理论，然后每一层的下面是以前的被替代的、普遍性更小的理论。

这个模型可以很好地帮助我们理解形而上学与科学的关系。随着科学沉淀的增加，原来高高在上的形而上学思想可能因科学的增长而被触及，变得可以检验，并因此沉淀下来，就像我们刚才提到的古希腊原子论，因为化学和物理学的发展，原子论不再是形而上学而成为可以检验的理论，并最终沉淀下来。波普尔还举了其他类似的例子，如地动说、光的微粒说等等。

科学的不断变化、进步是波普尔科学观的核心，科学不再是一些确定的或既成的陈述的系统，也不是朝着某个终极状态（目的）稳定前进的系统。我们不能把科学绝对视为确定的真理，或者百分之多少的真理（逻辑实证主义的概率论）。它也不仅是我们有用的工具，而且涉及实在的知识。虽然它不能达到真理，但追求真理仍然是科学探索最强大的动力。

波普尔说：我们不知道，我们只能猜测。而且我们的猜测还会受到对我们各种信念、偏见的影响。但是，我们的这些猜想并非任意的，无论这些想象或猜想有多么大胆、冒险和不可思议，都要经受缜密的、系统的检验。一旦提出了某个猜想，我们不要想方设法去保护它，表明我们多么正确，而是要挑战它，质疑它，只有这样我们才能真正进步。

波普尔宣告，绝对的、确定的、可证明的真知，这一古老的信念已被证明是一个偶像。科学的进步不可避免地使每一个科学陈述必定仍然**永远是试探性的**。我们的确定感只存在于我们的主观信念之中。确定性的偶像垮台了。那种确定性的信仰不过是一种蒙昧主义，它阻碍科学的道路，妨碍人们大胆地猜想，并危害检验的严格性。渴望获得正确的、真理的地位，免于批判、怀疑的审查，这是一种错误的科学观，因为造就科学家的，不是他拥有或获得了无可反驳的知识或真理，而是他坚持不懈地以批判的态度探索真理。波普尔说："可错性学说不应看作悲观主义认识论的一部分。这个学说意味着，我们能够探索真理，探索客观真理，尽管我们更可能错过真理。它还意味着，如果我们尊重真理，那我们必须通过坚持不懈地寻求我们的错误即通过不倦的理性批判和自我批判来寻求真理。"

波普尔的思想对于科学家来说，也是极具启发性的。波普尔推翻了科学家们自身都持有的一种错误观念，那就是科学就是为了证明自己的正确，而不是检验自己的错误。相反，科学家们不应该害怕犯错误，因为再成功的理论也都不过是暂时的猜想和假说，总归会有被证伪的一天。科学家们应该做的，就是根据现有的经验和理论，大胆地提出猜想，然后再尽力地反驳它们。

英国哲学家勃里安·马奇（或译为麦基）非常精彩地评论了波普尔的新科学观对科学家的重要性。马奇说："懂得这一点，对于从事科研工作的科学家可以起到解放思想的作用。"事实的确如此。著名生物学家、诺贝尔奖得主约翰·埃克里斯爵士曾指出，有很多科学家"错误地相信科学就是最终导致确认一个权威性的解释"，他们觉得，"发表某种最终被证伪的假说是科学上的严重失误"，其结果是"科学家们经常不愿意承认这样一种假说的证伪，把他们的一生都耗费在捍卫自己站不住脚的理论上""而根据波普尔的观点，全面或部分地被证伪，是一切假说预料之中的命运，如同我们欢呼作为我们智力产儿的假说诞生一样，我们也应该庆贺它们的证伪。因此，人们就可以摆脱恐惧和内疚，科学就成为一项振奋人心的冒险事业。在这里，创造力和想象力引导着概念的发展，使其在普遍性和适用范围上超越实验证据。精确地阐述这些富于想象力的洞察使之成为假说，就会为通过实验进行最严格的检验开辟道路，在此过程中始终应当预见到，假说是可能被证伪，被另一种具有更大解释力的假说全部或部分地取代的"。

波普尔的思想不仅对科学家有解放的意义，对于我们普通人也同样有很大的启发。正如马奇所说："对于我们所有的人，在我们的一切活动中，具有以下的信念可以在相当程度上解放我们的思想：只有通过找出可以改善之处并切实着手改善它，我们才能把事情做得更好；因此必须主动地寻找缺点，而不是隐瞒缺点或视而不见；绝不能厌恶别人的批评意见，而要把它视为无价的帮助而接受和欢迎。要让人们提供改进工作所需要的批评意见也许是困难的，因为人们由于厌恶别人的意见或预料批评别人会受到厌恶而惯于对自己和别人的错误都保持缄默，但是，当别人告诉我们在外面的思想和行为中哪些地方有错误时，那么，他就是给了我们最大的帮助；错误越大，把它揭示出来所能带来的改进就越大。"

波普尔最喜欢古希腊哲学家克塞诺芬（Xenophanes，或译为色诺芬尼）的如下诗句，因为这些诗句颇能代表波普尔的思想：

神并没有从一开头就为我们把万物昭示；

但是随着时间流逝，

通过探索，人们发现了什么是较好的东西。

可是，至于确实的真理，没有人知道过它，

将来也不会有人知道它；既不知道关于众神的

也不知道关于我所说的一切的真理。

即使他偶尔说出终极真理，

他自己也并不知道它，

因为一切只不过是猜测织成的网。

波普尔的"三个世界"理论

与可证伪性一样，"三个世界"也是最具波普尔特色的一个概念。在 1967 年第三次国际逻辑学、方法论和科学哲学大会上，波普尔应邀作了一次讲演，题为"没有认识主体的认识论"，第一次提出了"三个世界"理论。后来在 1969 年 3 月，波普尔在维也纳作了题为"论客观精神理论"的讲演，继续阐发他的"三个世界"理论。

波普尔认为，对于世界上所有的事物，我们似乎可以区分如下三个世界或宇宙：第一，物理客体或物理状态的世界，简称世界 1；第二，意识状态或精神状态的世界，或行为的动作倾向的世界，这是人的精神领域或心理世界，简称世界 2；第三，思想的客观内容的世界，尤其是科学思想、诗的思想和艺术作品的世界，简称世界 3。

像大多数人一样，波普尔相信一个物理世界和一个意识状态世界以及二者相互作用的存在。此外，他还相信存在一个第三世界。他认为，在第三世界中，最突出的成员是理论体系，以及问题和问题情境，还有杂志、书籍、图书馆等的内容。

很多人反对世界 3 的存在，认为世界 3 中所谓的理论、概念、问题、论证等，不过是主观精神状态或心理行为的符号表现或语言表现，也就是说，它是从属于世界 2 的内容。但是，波普尔论证说，这些事物都是独立的存在，都可以脱离人的主观精神状态。为此，他设想了两个有趣的精神实验，来证明世界 3 的存在。

第一个思想实验：设想我们所有的工具和机器都被毁灭了，而且，我们制作、使用机器和工具的主观知识也消失了，但是，图书馆里记载着机器制造和使用方法的书以及我们学习的能力还在，毫无疑问，经过一段时间的学习之后，我们将会制作和使用那些机器和工具。

第二个思想实验：不但机器和工具毁灭了，我们制作和使用的主观知识也消失了，而且所有的图书馆也毁灭了，结果是我们的学习能力也没有用了。

这个思想实验证明，作为世界 3 成员的书籍尽管是人的产品，但它可以脱离人的存在，而且对人类有着重要的作用。

以"三个世界"理论为基础，波普尔提出了全新的认识论研究纲领，并对传统认识论进行了批判。他认为，传统的认识论集中于世界 2 或主观意义上的知识，离开了科学研究的正题，真正切题的是研究科学问题和问题情境、科学推测（波普尔认为它不过是科学假说或理论的另一种说法）、科学讨论、批判论证、证据在论证中的作用，以及研究科学杂志和书籍，研究实验及其在科学论证中的价值。简言之，研究在很大程度上是自主的客观知识世界 3，对于认识论具有决定性的重要意义。

　　波普尔还提出了三个辅助论点，来进一步说明他的世界3：首先，世界3是人这种动物的自然产物，就像蜘蛛网是蜘蛛的产物一样，我们的知识、理论、概念、问题、论证是人类的客观产物。其次，世界3在很大程度上是自主的。尽管它是我们的产物，尽管它对我们，即对作为世界2（我们的主观精神世界），甚至世界1成员的我们（身体、物质环境、技术工具等），有一种强烈的反馈作用，但它在很大程度上是自主的。第三，正是通过我们，即世界1和世界2之中的我们，和世界3之间的相互作用，客观知识得以增长。也就是说，我们通过好奇、兴趣、冒险等主观精神活动，根据世界3中的知识理论、逻辑、论证，提出新的猜想，推进了世界3的发展。

　　对于认识论或知识论来说，世界3理论的一个重要意义是有助于我们区分两类不同问题。波普尔举例说，一个生物学家可能对动物行为感兴趣，但是他也可能对动物制造的某种非生命结构感兴趣，如蜘蛛网、蜂窝、蚁巢、猫穴、海狸坝或动物在森林中踩出的小路。当我们研究动物的这些造物的时候，比如蜘蛛网、蜂窝的结构，我们也许还会问：这些结构是怎么造出来的？为什么会造这些结构？等等。波普尔说，这一类问题仅仅是由前一类问题引起的。因此，当我们研究动物的创造物的时候，就会有两类问题：第一类，这些造物的结构是什么？它用了什么材料？与环境的关系是什么？等等。这类问题与结构本身有关。第二类：为什么动物会制造这些东西？它们是怎么制造出来的？等等。这跟动物的主观状态有关。波普尔说，这两类问题也可以应用于人类活动的产物，其中包括科学和语言。当我们研究科学理论的时候，我们会研究理论的结构、发展、论证等，也会想到理论提出者的心理、信仰、兴趣等与主观精神有关的问题。

波普尔指出，研究世界3的客观主义认识论，也就是第一类问题，能帮助我们认识世界2，也就是第二类问题，即我们的主观精神世界，尤其是科学家的主观思想过程。但是，波普尔强调说，相反的过程是不可能的，即研究世界2并无助于我们认识世界3。这是波普尔世界3理论的一个极为深刻的结果，因为后来科学哲学所区分的发现的语境和辩护的语境，实际上就是波普尔这一观点的翻版。

接下来，波普尔批评了主观主义知识观。所谓主观主义知识观，就是把知识看成是主观精神的附属品。波普尔说，主观知识观是错误的，主要理由之一是它认为没有读者就没有书，所谓书只有被人理解了才能成其为实际的书，否则不过是白纸黑字而已。这种观点在很多方面是错误的。马蜂窝就是马蜂窝，即便是没有马蜂了，也是马蜂窝。波普尔说，可以想象一个极端的情况：人类灭亡之后，某些书籍或图书馆也许会被我们文明的后继者发现并解读。

自主性是世界3理论的中心思想：虽然世界3是人的产物，人的创造正如其他动物的产物一样，反过来创造了自己的自主领域。最具代表性的是自然数的例子。自然数是人类创造的，但反过来它自己创造了自主的问题：奇数和偶数的区分，素数问题，还有很多事实等待我们去发现。

波普尔结合人类的进化特别是语言的发展来讨论他的世界3理论。他认为，在进化过程中，人类有了自己的语言，它有表现、交往等低级功能（多数其他动物也有），也有描述功能和论证功能等高级功能（其他动物没有）。其中，描述功能是前提，描述符合事实的观念、叙述、回忆等，与真理概念有关。而语言的论证功能主要针对描述功能：它进行批判。没有描述语言，就没有批判思考的对象，就没有语言的世界 3。只有有了描述语言，只有在世界 3 中，理性批判的问题和标准才能发展。

正因为语言的描述和批判功能是人类语言独有的能力，所以世界 3 也是人类独享的世界。神经生理学家、诺贝尔奖得主约翰·埃克里斯爵士深为赞同波普尔的这一理论，他说："只有人才具有陈述语言，这种语言只能被具有概念思想的主体所运用，这种概念思想主要是与世界 3 的组成部分相关联的思想，它是超越感性的现存性的……作为对比，动物的行为却源于它们感性的现存性和环境的条件……没有迹象表明动物能在最小的程度上分享这个世界 3。在这个基本的方面，人和动物是根本不同的。"

根据世界 3 理论，波普尔对数学基础之争发表了新的见解，批判了布劳威尔的直觉主义数学观，审视了自然科学和人文学说的分界理论，重新考察了心身问题，都取得了重要的成果。

勃里安·马奇敏锐地指出，波普尔的世界 3 理论是波普尔哲学中最有发展前途的生长点之一，如果加以推广和应用，将在很多领域内大放异彩，获得丰富的理论成果。比如，世界 3 理论可以帮助我们理解，在有关道德、审美及其他标准到底是客观的还是主观的这个问题上，长期争论的双方为什么会无休止地进行那些不能得出答案的辩论。它还能为西方哲学的另一个中心问题，即社会变迁问题提供分析：正是因为世界 3 的创造物以及人与其世界 3 的创造物之间发生的交往具有客观性质，所以，人类的各种观念、制度、语言、伦理、艺术、科学以及所有其他事物都是有历史的。它们不一定必须要进步，但它们在本质上是变化的，而且在大多数时间内都在连续不断地变化。

在世界3历史发展中，最具重要意义的是批评及批评的可接受性的出现。几乎所有的人类社会在解释这个世界的时候，总会带有神话、宗教的色彩。在很长时间里，没人敢质疑、批评这些理论或思想，否则就会被迫害甚至丧失生命。结果是，这些所谓的真理就被保护下来，代代相传。正如波普尔所说，"这类学派绝不承认一种新思想。新思想是旁门左道。假如这类学派的一个成员试图改变它的学说，那他就会被当作异端革出教门。"

在波普尔看来，历史上第一批不仅允许批评而且鼓励和欢迎批评的学校是泰勒斯和他的学生阿那克西曼德等前苏格拉底哲学家们开创的。这导致了真理独断传统的终结，开启了一个在批评讨论中进行思考的理性传统。独断论者就像低等动物一样，随其理论一起灭亡。

但是，传统的认识论并不能深刻认识和把握世界3的重要意义，只对世界2即作为某种信仰（可证明的信仰，例如基于知觉的信仰）感兴趣。结果，这类信仰哲学不能够解释（甚至不去努力解释）科学家批判他们的理论而扼杀这些理论的决定性现象。

让我们每个人都牢记波普尔的世界3带给我们的启示：当我们提出了某个理论、猜想或观点，这个观点就属于世界3（客观的知识世界），而不再属于世界2（我们的主观精神世界），我们自己要像其他人一样，对这个理论、猜想或观点进行批判和反驳，而不是把它和自己的信仰、情感、心理连在一起去维护它。

波普尔说："科学家努力排除他们的错误理论，努力让它们消失，代之以别的理论。信徒——不管是动物还是人——则随他的错误信仰而死去。"

波普尔与爱因斯坦

对波普尔一生的思想发展影响最大的，毫无疑问，是20世纪最伟大的科学家爱因斯坦。1919年秋，英国科学家埃丁顿率领的科学观测团观测到的光线弯曲，与爱因斯坦广义相对论预言的结果基本吻合，从而宣告了相对论的胜利和牛顿理论的失败。这是20世纪人类历史上最重要的事件之一，也是科学史上最重要的事件之一。一个拥有无限荣耀与辉煌的理论，一个几百年来被崇奉为毋庸置疑的真理的伟大理论，在一瞬间走下神坛。这一事件，给年轻的波普尔带来了强烈的冲击，让一个在苦苦思索的、迷惘之中的心灵，一下子豁然光明，并形成了坚持了一生的观点。在人生的发展中，有些事件对人产生的决定性影响的程度，竟是如此之深。

1919年与爱因斯坦的相遇，是波普尔思想发展史上最重要的事件。在他晚年的自传《无尽的探索》中，波普尔详细追忆了这一事件对他的影响，我们在前文已经作了介绍。在此再顺便指出一点，波普尔在《无尽的探索》中含混地说他那一年聆听了爱因斯坦的演讲，似乎是记错了。各种资料显示，爱因斯坦1919年没有去过维也纳，所以也不会在那里演讲。他去维也纳演讲应该是在1922年。所以，1919年的波普尔应该是从报纸上看到有关爱因斯坦的介绍，受到了强烈的冲击，以至于和几年后的事情混淆在一起。

波普尔多次公开声明爱因斯坦对其思想的决定性影响。1967 年波普尔在接受采访时说："爱因斯坦对我思想的影响是极其巨大的。我甚至可以说，我所做的工作主要就是使暗含在爱因斯坦工作中的某些论点明确化。"也就是说，波普尔的主要观点，实际上是对爱因斯坦的成就所暗含的以及他所表达的某些哲学观点的系统阐发和论证。

波普尔把爱因斯坦的影响总结为三点：

（1）像牛顿的万有引力理论或菲涅耳的光学理论这样得到充分验证的、获得无数成功的理论，都可以被推翻或纠正。因此，无论如何成功的理论，都不过是一种假说、一种猜测。

（2）认识这一点，不仅在事实上而且应该对每位科学家的科学工作有所启发。正如爱因斯坦本人一直所做的那样，从来不满足于他所提出的任何理论，总是试图探索其弱点，找出理论的局限性。也就是说，他不断批判自己提出的猜想，寻找并承认自己的错误和失败。

（3）这种态度就是批判的态度，是科学活动的最好的特征。波普尔指出，爱因斯坦所表现出的科学的批判态度与以往哲学家们所说的批判、怀疑或疑惑有很大的不同。哲学家们的批判，仅仅限于对论证的批判，而不是对理论本身的批判。比如哲学家 P1 提出了一个理论 T，并通过论证 B 来为 T 辩护。哲学家对此进行了批判，指出论证 B 是无效的，不能提供为 T 的有效辩护。

但是，科学家的批判与此很不相同。当科学家批判时，不是批判理论的论证，而是批判和检验理论的内容或结果，也就是批判理论本身，并诉诸严格的检验。以爱因斯坦对牛顿的批判为例：牛顿宣称自己的理论是对事实的真实描述，并非猜测，而且是通过对事实的归纳建立起来的。但爱因斯坦并未去批判牛顿的论证，而是建立了一种可以替代的理论，不仅通过了牛顿理论所不能通过的检验，而且还通过了一些（牛顿理论无法设想的）全新的检验，从而革新了物理学。虽然如此，他还认为自己的理论不过是通向更好理论的一步。

这种严格的、审慎的批判态度对波普尔产生了至关重要的影响。波普尔说："爱因斯坦的革命深深地影响了我自己的观点：我觉得没有爱因斯坦，我就永远得不出我的这些观点。我认为，科学是由尝试性的、假设的、猜测的理论所组成的，这是科学的基本原则。这意味着，任何理论，不管曾获得何等的成功，也不管曾经受过何等严格的检验，都是可以被推翻的。……爱因斯坦的例子可教给哲学家的是：科学是由大胆的、思辨的猜测所组成的，这些猜测受到包括实验检验在内的无情批判的支配。"

波普尔一再强调，从爱因斯坦身上学到最多的是他对自己的理论抱有高度的批判精神。他总是试图发现并指出自己理论的局限性，而且总是想指出，在什么情况下他的理论会被驳倒。他试图从每个理论推出一个可以明确检验的预言，并宣布，如果他的预言没有经受住检验，他将放弃他的理论。他说："这个态度，就成了我自己关于证实与证伪或反驳之间逻辑不对称性的论题的基础，成了理论不可能被证实却可能被证伪的论题的基础。"

1950 年，访问美国的波普尔被邀请到普林斯顿发表演讲，在那里他第一次会见了爱因斯坦。在《无尽的探索》中，波普尔详细回忆了这次会面的过程。他说：

"爱因斯坦使我的访问获得最大、最持久的影响。我应邀去普林斯顿，在学术研讨会上宣读了一篇关于'量子物理学和古典物理学中的非决定论'的论文，那是篇幅更长的一篇论文的纲要。在讨论时，爱因斯坦说了几句赞同的话，玻尔说得更详细（直到我们俩留下来还继续说），用著名的双缝实验论证说，量子物理学中的情况完全是新的，而且同古典物理学中的情况是不可比拟的。爱因斯坦和玻尔都来听我的讲演这一事实，我认为是我曾受到的最大的表扬。

"在我讲话前我就同爱因斯坦见了面，第一次通过保罗·奥本海默，我们待在他的屋子里。虽然我最不愿意浪费爱因斯坦的时间，他要求我再来。我总共同他会面三次。我们谈论的主要话题是非决定论。我试图说服他放弃他的决定论，他的决定论总起来说是这样一种观点：世界是四维的巴门尼德式的整块的宇宙，其中变化只是一种人的幻觉，或非常接近人的幻觉（他同意这曾是他的观点，在讨论这种观点时，我称其为'巴门尼德'）。我论证说，如果人们或其他有机体能够经验到变化和时间上的真正持续，那么这是实在的。用某种意义上是并存的时间片段在我们的意识中先后浮现的理论把它解释过去是不可能的，因为这种'在意识中浮现'恰恰是理论企图解释过去的变化的持续具有同样的性质。我也援引一些明显的生物学论据：生命的进化，有机体尤其是高等动物的行为方式，实际上不可能根据把时间解释为仿佛它是另一空间坐标的任何理论来理解。毕竟我们经验不到空间坐标。这是因为它们根本不存在。……

"此外，我们又更为扼要地讨论了像操作主义、实证主义和实证主义者及其对形而上学的莫名其妙的恐惧、证实与证伪的对立、可证伪性以及简单性等一些问题。我惊异地得悉：爱因斯坦认为我关于简单性的意见（在《研究的逻辑》中）已被普遍接受，因此现在每个人都知道，更为简单的理论是可取的，因为它有更大的排除可能事态的能力，即因为它的更好的可检验性。……

"很难表达对爱因斯坦个性的印象。也许可以这样说：同他在一起感到很自在。不能不信任他，不能不去保留地信赖他的直率、他的和蔼、他的强判断力、他的智慧以及他的几乎是儿童般的天真。这样超凡出世的一个人不但活着，而且得到正确评价，受到极大尊敬，这对于我们的世界、对于美国还是说明了一点问题的。"

20 世纪是爱因斯坦科学的世纪，他的狭义相对论和广义相对论不仅革新了牛顿物理学，而且引发了时空观和宇宙观的深刻变革；他参与创立的量子理论则是 20 世纪物理学的另一支柱，即便是他后来对量子力学的不断批评，也刺激并推动了量子力学的发展。正如杰出的物理学家、爱因斯坦晚年的同事亚伯拉罕·派斯教授所说的："爱因斯坦在几乎所有的基础物理学领域都作出了伟大的贡献。"

爱因斯坦是 20 世纪的牛顿。众所周知，波普尔对自然科学的严格批判精神有着发自内心的敬畏，他对几乎所有的科学家都有钦敬的心理。在所有的人中，他最崇敬的是爱因斯坦，并用了一生的时间来阐发爱因斯坦给他的启迪。有人提出，如果康德是牛顿科学时代的哲学家，那么毫无疑问，波普尔就是爱因斯坦科学时代的哲学家。

第 3 章

波普尔的政治哲学

《历史主义的贫困》

　　波普尔是 20 世纪最重要的政治哲学家之一，其政治哲学思想的影响甚至要大大超过其科学哲学思想的影响。波普尔共出版了两部政治哲学的专著，一部是《历史主义的贫困》，一部是《开放社会及其敌人》。尽管后者出版于 1946 年，而前者直到 1957 年才出版，但实际上，早在 1936 年，波普尔就曾在布鲁塞尔他的一位朋友家中的私人学术聚会上，以"历史主义的贫困"为题宣读过书中的主要观点，后来于 1944 年和 1945 年连续发表在《经济学》杂志上，因此《历史主义的贫困》要早于《开放社会及其敌人》。

　　按照波普尔本人的说法，《历史主义的贫困》起源于波普尔早期与法西斯主义以及马克思主义的遭遇。在此书中，波普尔的目的是想根据他对自然科学方法论的研究，来改变社会科学的哲学或方法论。毫无疑问，这一转变有着道德和政治上的目的。因为波普尔相信，社会科学方法论的缺陷是在一定程度上导致法西斯主义和共产主义产生的原因。

波普尔希望，只要掌握适当的方法论，社会科学就能够像自然科学为了人类的利益改变自然环境一样，也可以通过社会技术来导致社会的进步。他设想的社会科学和零敲碎打的社会工程（piecemeal social engineering）是价值中立的，因此也会遭到滥用（就像科学和技术一样），但是不会像历史主义（historicism，这是他为历史决定论贴上的标签）以及革命主义的乌托邦纲领导致那么严重的后果。

但是，与《开放社会及其敌人》相比，似乎波普尔不太喜欢《历史主义的贫困》。他后来认为该书"是一部乏味的作品"，而且人们对他的思想也因此书产生了较多的误解。实际上，很多误解来自他使用的"历史主义"这个术语。当他最早使用这个词的时候（1936），这个词还没有得到广泛应用，所以他可以随意定义以使之符合自己的目的。但是到了1957年，这个词已经得到广泛应用，学术界都用这个词来翻译德语中的"historimus"，而"historimus"这个词与波普尔使用的"historicism"虽然相似但在一些重要方面并不相同，这是导致人们误解的一个主要因素。

关于"historicism"，我们国内也有不同的译法。华夏出版社1987年出版的杜汝楫、邱仁宗先生的译本《历史决定论的贫困》中，"historicism"被译为"历史决定论"；而在同年社会科学文献出版社出版的何林、赵平的译本《历史主义的贫困》中则把"historicism"译为"历史主义"。应该说，后者的译法更为可取。因为，波普尔所说的"historicism"虽然含有决定论的意思，但仅是决定论还无法涵盖这一词的其他主要含义。因此，笔者在本书中采用"历史主义"这一译法。

作为科学方法的历史主义

我们先看波普尔的"历史主义"有什么含义。在《历史主义的贫困》的序言中，波普尔指出："我用历史主义这个词来指一种社会科学的方式，这种方式假定，历史预告是首要目标，通过发现历史的'旋律'或'模式'，'规律'或'趋势'，这个目标是可以达到的。鉴于我认为关于方法的此类历史主义教条，实际上要为理论社会科学当前不令人满意的状态负责，所以我的论述不是没有偏见的。但是，我已经作了最大的努力，来为历史主义提供一些有利证据，以为我随后的批评作准备。换句话说，我已经尝试使这个常常被提出但从没有得到充分展开的理论变得更加完善。这是我为什么有目的地选用一个大家都不太熟悉的标签'历史主义'的原因。"

因此，波普尔所谓的"历史主义"，就是指社会科学中的这样一种观点：历史科学或社会科学的目的，是通过发现历史或社会发展的基本规律来进行预告的。波普尔的目的则是要指出社会科学的这一目标及研究方式是错误的。

在《序言》中，波普尔把自己对历史主义的反驳概括为如下五个论题：

1. 人类历史的进程受人类知识增长的强烈影响。（即使把我们的思想，包括我们的科学思想看作是某种物质发展的副产品的那些人，也不得不承认这个前提的正确性。）

2. 我们不可能用合理的或科学的方法来预告我们的科学知识的增长。（这个论断可以由下面概述的理由给予逻辑的证明。)

3. 所以，我们不能预告人类历史的未来进程。

4. 这就是说，我们必须摒弃理论历史学的可能性，即摒弃与理论物理学相当的历史社会科学的可能性。没有一种科学的历史发展理论能作为预告历史的根据。

5. 所以历史主义方法的基本目的是错误的；历史主义不能成立。

实际上所谓的"历史主义"并不是一个得到系统的、明确阐发的纲领，而不过是一些隐秘坚持的信条，也许不是一个融贯的学说。因此，有些人可能同时兼有亲自然主义和反自然主义的某些信条。另外，波普尔很清楚，以上这些论证并不反对所有种类的历史预告；相反，通过预告一定的发展在一定条件下会发生，它可以与检验社会理论的可能性相容，例如经济学理论。它反驳的仅仅是预告因知识增长而带来的历史发展的可能性。这个论证中，决定性的一步是第二个论题。波普尔认为，这一论证自身就很有说服力：如果存在增长的人类知识这样的事物，那么我们不能在今天期望明天会知道什么。如果我们承认我们的知识会对我们的社会产生重大影响的话，那么由于我们不知道我们明天知道什么，所以也就无从预告明天的社会是什么样子的。

从历史来看，社会科学曾一度比自然科学更发达。如在古希腊，哲学、伦理学、历史学的研究讨论都取得了丰富、重要的成果。但是从 17 世纪开始，自然科学革命了自己的方法，出现了像伽利略、哈维、吉尔伯特、牛顿、巴斯德等科学家，自然科学也在后来的几个世纪里获得极大成功。社会科学却一直裹足不前，等待着自己的"伽利略"。随着自然科学的不断成功和社会科学的不断失败，社会科学家们开始越来越关心方法问题，特别是关心以物理学方法为代表的自然科学方法。社会科学家们开始考虑，自然科学方法获得如此广泛的成功，能不能在社会科学领域内也使用自然科学的方法。

波普尔认为，对于社会科学来说，历史主义是一种贫瘠的方法。而这也反过来表明了社会科学方法论研究的急迫性。在他写作《历史主义的贫困》的时代，欧洲正陷入战争的撕裂之中。而对这一切，社会学、政治学、历史学、经济学等社会科学的落后要负有一定的责任。所以，波普尔说："今天，社会研究具有的实际迫切性甚至超过了对癌症研究的迫切性。"他通过对历史主义的反思，对社会科学方法论的缺陷进行了深入彻底的批判和剖析。

波普尔发现，就其作为社会科学方法论来说，根据与自然科学方法论的关系，历史主义学说可以分为两大类：一类是反自然主义的历史主义，一类是亲自然主义的历史主义。反自然主义"anti-naturalistic"这个词指的是：自然科学的方法（如物理学的方法）在社会科学领域内不起作用。亲自然主义"pro-naturalistic"这个词指的是：自然科学的方法可以被用于历史和社会科学。这里，"pro-naturalistic"一词在国内也有不同译法。华夏出版社 1987 年译本译为"泛自然主义"，应该说也是可以的，毕竟自然主义是指自然科学方法，那么把自然科学的方法推广到其他的领域是可以被称作"泛"自然主义的。社会科学文献出版社译本将之翻译为"拥自然主义"，当然也没有问题。不过，译为"亲自然主义"更加妥当一些。

波普尔的策略是确定一个原本在某种程度上有点模糊的、他称之为"历史主义"的教义，用分明有力的形式表述出来，然后加以批驳。也就是说,波普尔把原本松散的、含糊的历史主义信念,通过给它提供有力的证据,而将其发展成较为系统的学说,最后再进行全面的批判和摧毁。在波普尔看来,无论是反自然主义的历史主义学说,还是亲自然主义的历史主义学说,它们都错误地理解了自然科学及其方法。

历史主义的反自然主义学说

总的来说,历史主义的反自然主义学说认为,社会科学不能模仿、也无须模仿自然科学方法就可以给出自己对社会发展的预言。在这一学说看来,自然科学研究的对象是物理世界,社会科学研究的对象是社会世界,这二者存在很大不同,主要表现为物理世界表现出一致性和稳定性,而社会世界则因地、因时而不同。尽管他们也承认,有些典型的社会条件经常出现,可以观察,但与物理世界的不变性还是有很大不同,它们因文化历史而转移,如不能笼统谈经济规律,只能谈封建时代的经济规律、奴隶时代的经济规律等。历史主义的反自然主义学说宣称,社会规律的历史相对性使得大部分物理方法不能应用于社会学。

波普尔仔细列举并发展了反自然主义学说的若干论点。首先,物理学中的概括依赖于自然的齐一性(一致性):在同样情况下产生同样的事物。历史主义认为,这种概括在社会科学中是无效的,因为某个时期发生的事件绝不会出现在另一个时期,否则就会产生一种虚假的而且害人的理论:否认社会发展,否认变化。因为社会处于不断的流动和变化之中,没有哪个时代、民族、文化会保持自己不发生变化,所以不可能进行普遍性地概括。历史主义者坚持认为历史的一致性不同于物理的一致性。

其次，关于实验方法，反自然主义的历史主义也否认在社会中进行的可能性和合理性。我们知道，科学实验需要对环境和对象进行人工控制与人工隔离，以保证某些现象的再现。实验的进行是基于如下信念：同样的条件产生同样的结果。但在历史主义者看来，这种方法不能用于社会领域。首先你不可能对社会加以控制，比如你无法控制人们喜欢购买什么商品；其次根本不可能完全重复同样的结果，因为后来的实验会受到前面实验结果的影响，因此不可能有完全隔离的环境、完全相同的条件。

社会就像一个有机体，可以从经验中学习，以前的经历、记忆会影响后来的事件，真正的重复不会发生。因此，社会中的事物都是新的，而物理世界中不会产生真正的新的事物。可以设想，我们通过分析社会生活，可能发现并直觉地理解任何一桩特殊事情是怎样并且为什么会发生的，我们可以清楚地了解它的具体原因与结果，但是，我们不能总结出一般性的规律。因为，那些起作用的各种力量都是独一无二的：它们可能在这一特殊的社会局势中仅仅出现一次而永远不再出现，更不可能再一次同时出现。

反自然主义的历史主义认为，社会对象比物理对象要复杂得多，包括心理学的、社会学的、经济学的、生物学的、化学的、物理学的，等等因素，这些因素错综纠缠，因此不可能得到像自然科学那样对未来事件的预告。而且，由于预告和被预告的事件也存在一种特殊的复杂性，即预告可以影响到被预告的事件（波普尔用俄狄浦斯效应来描述）。如股票，假设有人预告某一股票会连续涨三天，然后第四天下跌，结果将是大家都会在第三天抛，引起下跌，从而使预告落空。

在客观性方面，反自然主义者认为社会科学有着更多的不确定性，因而难以达到自然科学具有的客观性。因为预告主体和客体处于同一个世界，互相影响、作用，预报本身就有可能影响到被预报的对象，导致预报的不确定性。此外，预报是一项社会事件，会和其他事件一起交互影响。极端情况是：如果不预报，该事件可能不会发生，正是预报引起了事件的发生（如银行挤兑、抢购等）。另外，预报也有可能阻止事件的发生（如恐怖事件）。

反自然主义的另外一个理由是社会是个整体，不应当以原子论或还原论的方式来研究，应当以整体论的方式来研究。社会对象不是单个人的单纯总和。相对于个人，社会集体有自己的稳定性和个性，不能还原为单个成员的个性，每一个集体都有自己的传统、历史、制度。社会结构不同于物理结构。对于物理结构，我们只要知道某一个时刻的数量，就可以推定这个体系过去和未来的运动状态；但对于社会结构，我们要认识和理解它，需要我们理解它的历史。整体论强调社会集体和有机体之间的相似性。

因为社会的复杂性和整体性，所以社会科学主要致力于理解不同社会集体的历史，通过直观的、定性的方法而认识其本质、目的和意义；物理学则借助于严密、定量的方法通过数学公式对物理事件作出描述和预言。物理学定律通过精确的数量规定来表示，但社会规律却很难用数量来表示。如国家、经济体制或政府形式之类的社会实体，是无法用定量词句来描述其性质和行为的，所以就不可能总结出定量的规律来。这样，社会科学中的因果律，如果有的话，也必定与物理学中的不同。看来，性质——无论是物理的还是非物理的——只能由直觉估定。

强调社会事件的质的特征，就进一步引出了说明质的那些术语的地位问题，即所谓共相问题。对于我们理解历史主义来说，这是非常重要的一个方面。这本来是个极其古老的争论，可以追溯到苏格拉底、柏拉图的时代，后来经过中世纪唯名论和唯实论的激烈讨论，一直到现在都在影响着哲学的发展。所谓唯实论，是指这样一种观点，即不同事物的共相（如红、善、马等）不仅仅是我们描述事物的名词而已，也是真实的存在，是事物的真正的本质。唯实论者强调它们对科学的重要性，科学必须剥掉偶然性而深入事物的本质，事物的本质总是某种共相的东西。波普尔认为，方法论上的唯实论基础是由亚里士多德奠定的。亚里士多德认为，科学必须深入事物的本质，才能解释它们。他们以"什么是物质""什么是力""什么是正义"之类的问题来概括科学问题，他们相信对此类问题的回答就可以揭示事物的本质。而唯名论则认为真正存在的只有具体的事物，如单个的一把椅子，"椅子"这个共相本身并不具有真实的存在，它不过是描述椅子这一类事物的名称。在科学上，按照波普尔的说法，方法论的唯名论一般以"这个物质是怎么运动的""它有怎样的结构"等来提出他们的问题，而不是去追问其"本质"。此外，为了处理新的问题，可以规定新的术语，而把文字仅仅看成是描述的工具。大多数人认为，方法论的唯名论在物理学中是胜利的。如物理学不探讨光的本质，只讨论光的波长、速度、频率等；生物学也只探讨生物的生长方式，而不讨论生命的本质等。这样，在社会科学中是方法论的唯实论，在自然科学中是方法论的唯名论。

零敲碎打技术 VS 整体主义

在波普尔看来，反自然主义的这些学说都是建立在对自然科学的错误认识基础之上的。为了展开对这些错误学说的批判，波普尔提出了零敲碎打技术（piecemeal technology）的概念。这个概念在波普尔社会哲学或政治哲学中占有重要地位，是我们理解其社会政治思想的基础。波普尔认为，正是零敲碎打技术方法和批判分析的结合，才是通往在社会科学中（以及在自然科学中）取得实际成果的主要道路。波普尔认为，零敲碎打技术已经在社会科学中得到运用，如人们已经通过对诸多社会改进方案进行了批判，或者更精确地说，通过尝试各种具体的经济或政治行动，来检验是否会产生所预期的或者所期望的结果。这实际上就是波普尔在提到社会科学的技术路数或"零敲碎打社会技术学"时所想的东西。

波普尔说，零敲碎打技术的一个重要意义在于：在社会科学领域中，它对人们的思辨倾向加上了一条纪律，因为它迫使我们把我们的理论服从于一些具体、明确的标准，如明晰性标准和实际中的可检验性标准等，这为我们批判、检验从而评判和选择社会政治理论提供了最基本的前提。

反自然主义坚持我们不能对社会条件加以控制，进行社会政治实验，即无法干涉，从而既不能获得如自然规律那样的具体、精确的社会知识，也无法进行明确的预言。显然从零敲碎打技术学的观点来看，历史主义坚持的反干涉主义是站不住脚的，因为任何技术学的最有特色的任务之一，就是指出什么事是不能达到的。每一条自然规律都可以表现为断言如此这般的事是不会发生的，如表现为一种谚语式的断言："你不能用竹篮打水"；或如能量守恒定律可以表达为：你不可能造出永动机；熵定律表述为：你不能造成一架百分百效率的机器。这样的自然定律就显示出了它们的技术学含义。如果以此来考虑反干涉主义，那么就会看出，它也可以表述为下列形式的语句："你不可能得到如此这般的结果"，或者"你不可能达成如此这般的目的，而没有如此这般相伴随的效果"。

在这个意义上，波普尔认为，存在着类似于自然科学规律或假说的社会学规律和假说。由于这类社会学规律或假说（并非所谓的历史规律）的存在往往被人怀疑，所以波普尔就举了一些例子，如："你不能征收农业税而同时又降低生活费用"，"你不能有一个集中计划的社会而同时采用一种履行着竞争价格主要职能的价格体系"，"你不能进行革命而不引起反作用"，如此等等。

波普尔提出的零敲碎打社会工程在某种程度上可以类比于物理工程。正如物理工程的主要任务是设计机器和改造、维修机器一样，零敲碎打社会工程的任务是设计、改造和修补各种社会建制（或制度、机构等，social institutions）。因此，这个词可以用来描述一个企业，无论它是小商店还是一家保险公司，也可以用来描述一所学校或一种教育制度、一支警察部队、一个教堂，或一个法庭。波普尔认为，这些社会建制，只有少数是人们有意识设计出来的，而绝大多数是自发生长出来的，是人类活动的、未经设计的偶然结果。波普尔坚决不相信把社会作为一个整体来重新设计的那种方法，他认为，只有采取能够不断改进的小规模的调整和再调整才可能实现自己的目的。

波普尔强调说，这种零敲碎打的方法与许多"能动主义者"的政治气质格格不入。能动主义者的纲领也被描绘为社会工程的纲领，可以称之为"整体主义的"或"乌托邦工程"，它绝不带有个体、私人、局部的性质，而总是带有集体、公众、全体的性质，其目的在于按照一个确定的计划或蓝图来改造"整个社会"，在于扩大"国家权力……直到国家几乎与社会一样"，还在于控制那些影响着社会发展的决定性的历史力量，以预见、阻碍或促进历史发展。波普尔说，这种整体主义方法实际上是不可能实现其目的的。整体主义的变革越大，他们未意料到的、极不希望出现的反响也就越多，从而迫使整体主义工程师最终不得不采取零敲碎打改进的权宜措施。事实上，即便是整体主义工程师采取的这种权宜措施，同较温和而谨慎的零敲碎打干预相比，也更具有中央计划或集体主义计划的特点。随着各种出乎意料的情况越来越多、越来越严重，乌托邦工程师就不得不做各种他从没想做的事情，也就是说，它导致了无计划的计划。因此，实际上，乌托邦工程和渐进工程之间的区别，与其说在于规模和范围，其实不如说在于对不可避免的意外情况的审慎和准备上的区别。显然，乌托邦工程或整体主义工程设计的蓝图或计划过于宏伟，而不可能顾及具体、明确的细节，从而势必导致一系列的意外发生。所以，波普尔认为，零敲碎打和整体主义这两种方法，一个是真的，一个是假的；一个是可能的，另一个简直是不存在的，不可能的。

此外，乌托邦或整体主义的方法与零敲碎打方法之间的另外一个重要区别在于：零敲碎打工程的工程师可以在改革的范围中不抱成见地提出自己的问题；而整体主义者就不能做到这一点，因为他事先一口咬定彻底改造是可行、必然的，从而不愿意承认失败和错误。这一事实具有深远的意义。乌托邦的方法先验地拒绝了社会改造中各种不确定性（特别是人的不确定性）的可能性，显然违背了科学方法的原则。另一方面，与人的因素的不确定性相联系的问题又必然迫使乌托邦主义者要用社会建制的手段来控制人的因素，并且把他的纲领加以扩大，使之不仅要计划进行社会改造，而且也要对人进行改造。这样，最终的结果是：这个纲领改换了其要求，它本来是要建设一个适合人们生活的新社会，如今则致力于去"改造"人，使人适合于他的整体主义蓝图。很明显，这就排除了检验这个新社会成败的可能性。但是如果没有可检验性，那么声称采取了任何一种科学方法，都是白说的。整体主义方法与真正的科学态度是不相容的。

在波普尔看来，零敲碎打工程与这种整体主义的、乌托邦式的社会工程学相比，正像气象学家的方法与造雨巫师的方法一样。这种整体主义的或乌托邦的社会工程思想很容易与历史主义相联合，两位典型代表人物就是柏拉图和马克思。柏拉图是个悲观主义者，他相信所有的变化都是衰败，他的乌托邦就是要阻止一切变化。反之，马克思是一个乐观主义者，他的乌托邦蓝图是属于发展的或动态的蓝图，而不是一个被束缚的社会，他预言并积极促进一个理想乌托邦的实现。

历史主义和乌托邦主义之所以如此易于联盟，最有力的因素无疑在于它们内含着整体主义的观点。历史主义关心发展，这种发展是"整个社会"的发展，而不是社会生活某个具体方面的发展；乌托邦也是整体主义的。二者都不满足于"零敲碎打"和"摸索前进",他们希望采取更激烈的方法。除此之外,此二者都相信他们能够发现"社会"的本质,例如判定社会的历史趋势,或断定"那个时期的需要",从而发现真正的目的。

因此,很容易看出,整体主义是历史主义最核心的观点。整体主义是从柏拉图以来就有的古老思想。在波普尔看来,整体主义的思想方法(不管是关于社会还是关于自然界的)绝不代表思想发展的高水平或新阶段,而是前科学时期的特征。不过是在日常经验上形成的对世界或社会的朴素的、直观的猜测和把握。

事实上,我们不可能观察或描述整个世界或自然界,甚至不能观察和描述哪怕是最小的整体。这是因为,世界及每一个事物都是无限丰富的,我们人类的认识也是极为有限的,并且我们只能描述事物的有限方面。在全部的意义上,整体不能成为科学研究的对象,也不能成为其他活动例如控制或改造的对象。整体主义者确信能够在整体上把握社会,但他们从来没有举出一个例子对整个具体社会状况进行科学描述。

最严重的是,整体主义蓝图会导致一个严重的后果。因为整体主义者不但企图用不可能的方法来研究我们的社会,而且还试图把我们的社会作为一个整体来控制和改造,也就是把每个人按照这个蓝图来改造,最终的结果就是导致极权主义。

奇怪的是,乌托邦主义者和历史主义者认识到不能从整体上改造自然,但相信能从整体上改造社会。他们认为,"我们绝没必要在整体上确定和指挥整个自然界,这与我们今天不得不从整体上探讨我们的社会有所不同。所以,我们绝没必要深入到历史和自然界的各个领域的结构中去。人类是要……调整全部社会生活的,尽管人类尚未创造出另一个大自然。"说我们绝没必要确定和指挥整个自然是对的，因为我们甚至不能确定和指挥一个"整体的"实验装置，在自然科学中不存在整体主义工程或相应的科学。

自然科学工程师的蓝图是以实验技术为基础的，他的活动所依据的全部原则都受到实验的检验。但是，社会工程师的整体主义蓝图却不是以任何类似的实际经验为基础的。因此，所谓自然科学工程与整体主义社会工程类似的说法是不成立的。波普尔认为，把整体主义计划称为"乌托邦"是正确的，因为其计划根本没有科学依据。

波普尔对乌托邦主义和历史主义的整体性社会实验进行了批判。他们都持这样一种观点，即认为社会实验只有以整体主义的规律来进行才有价值，但人类没有什么机会进行这样的实验，所以只能诉诸历史。

波普尔指出，历史主义的这一观点是站不住脚的。首先，他们忽略的是一切社会知识，包括前科学的、科学的知识，都是零敲碎打实验的结果。在社会生活中，一个杂货商人开了一家店铺，就是一项实验。我们不应忘记，只有实际的尝试才使市场上的卖主和买主认识到价格会随供应的增加而降低，随需求的增多而升高。此外，还有规模更大的零敲碎打实验的例子，如垄断公司改变其产品的价格，保险公司开设新的业务，等等。

波普尔说，只要我们准备从我们的错误中学习，对我们的错误批判地加以利用，而不是固执地否认或无视我们的错误，我们就会取得进步。他相信，这就是一切经验科学的方法。我们越自由地准备去冒实验的风险，我们就越能够以批判的眼光去找出我们易犯或常犯的错误。对于零敲碎打工程师来说，这意味着采取批判的态度，犯错误是难免的。对于政治科学来说，科学方法意味着那种确信我们没有犯任何错误、无视错误、掩饰错误，或把错误归罪于人的伟大艺术，让位给另一种更伟大的艺术——为错误承担责任，力图从错误中学习并应用这一知识避免将来犯错误。

其次，整体实验不可能对我们的实验知识有所帮助，只会压制合理的批评。波普尔指出，整体主义者忽略了这样一件事情：权力容易集中，但把人们头脑中的知识集中起来是不可能的，而知识集中对中央集权来说是必要的。所以，既然不能确定这么多人头脑中的想法，就只好消除个人之间的差别而使问题简单化。然而，这种试图控制人们精神的做法，势必会毁掉知识进步的最后的可能性，因为它显然与思想自由，特别是批判思想的自由不相容。其结果是它势必毁掉知识。权力越大，知识的损失也越大。

历史主义者说，在社会中不能进行重复的实验，我们无法重现实验的条件，所以我们也不能做社会实验。波普尔认为，历史主义者还严重误解了物理实验方法。因为实际上，物理学实验也不可能完全重复进行，而只是尽量保证主要因素的重复，那些很多背景性因素（如实验室内的空气流动等，实验者的不同等）也是无法掌控的。因此，借口社会领域重复完全相同的实验之不可能来否定社会实验的可能性和必要性是没有根据的。

历史主义的预言

与反自然主义的历史主义不同，亲自然主义的历史主义希望模仿并达到自然科学方法所达到的效果，希望自己能像物理学一样，成为经验的、理论的学科。说它是理论的学科，是指社会科学借助于理论或普遍规律，从而能解释和预告各种事件。说它是经验的学科，我们是指，它被经验所支持，而且它所解释和预告的事件乃是可观察的事实，从而被检验或验证。

物理学之所以成功，是因为预告的成功。与此类似，如果说社会科学的成功，也是说的预告的成功。可见，借助于规律作出预告和通过观察来检验规律，就必定是判断科学（无论是物理学还是社会科学）成功与否的主要标准。天文学可以准确预报日月食，甚至几十年后、上百年后行星的运动状态，为什么社会学预告革命就应该是不可能的呢？历史主义者会说：虽然我们不希望达到天文学那样的精确性，但对人类历史发展的宏观阶段进行预报是可能的，可以称为"大规模预告"或"大规模预报"。精确的预告细节对历史主义来说一是不能达到，二是没有意义，只有大规模、长期预告才是有价值的预告。

亲自然主义的历史主义者认为，尽管社会科学无法进行自然科学那样的受控实验，但同样也是以观察为基础的，就像天文学或古生物学一样，社会科学的经验基础是历史，是以事件，即政治的或社会的事情的编年史的形式而给定的。因此，狭义地说，历史是社会科学的基础。从历史经验这个基础中，可以归纳概括出历史发展的一般规律，并作出预报，而且是大规模的预告。

亲自然主义的历史主义者从动力学及天体力学那里吸取灵感，认为社会学也应该是以社会领域中的各种力决定的社会运动理论，分析产生了社会变化的和创造了人类历史的各种历史动力，包括经济利益、阶级斗争、宗教运动或文化冲突等，然后深入到历史变化的普遍推动力及其规律中，并据此作出大规模的长期预报。

他们认为，因为历史规律与物理规律的不同，社会科学只能进行无法精确到细节的长期的"大规模预报"，也就是预言集体和人类整体的未来，远甚于预言个人的未来。

科学的预告可以分为两类，以台风为例，我们可以预告：台风将要到来；要防止台风的破坏，我们可以怎么做。波普尔把第一类预告称为"预言"（prophecy），其实质在警告某种不可逆转的事情即将发生。第二类预告是技术性预告，告诉我们怎么做将会达到什么效果，这是工程学的基础。两者区别大致为观察和实验的区别。

这一区分十分重要。因为历史主义者（无论是亲自然主义者还是反自然主义者）一贯地相信社会学实验是无用且不可能的，所以他们认为历史只能预言，而不能进行技术性的预告，因此反对把社会工程当作社会学的实际目的。

因为上述理由，社会科学的自身定位就很明显了：既然不能也不应该为社会进行工程技术上的修补和改造，而只致力于对社会宏观发展的整体性历史预言，因此社会科学只能是历史学。但这种历史学不是单纯的编年史，它不仅要回顾过去，还要展望未来，是对社会发展规律的研究，是关于过程、变化和发展的规律。他们必须力图总结出有关社会发展背后的总趋势的假说，以便人们从这些规律里推导出历史预言。

但如果历史主义仅仅是总结规律，作出预言，却无力给社会提出具体、明确的实质性改进方案，那么岂不是某种宿命论的变种？对这个合理的疑问，波普尔回答说：不，历史主义观点并不蕴含宿命论，也不必导致无为——而是完全相反，事实是，大多数历史主义者都具有显著的"行动主义"倾向。无论是你个人的梦想，还是你的理性构造，它们都不会按计划实现，只有那些适合历史发展主流的方案才能够有效。因此，历史主义的策略是做社会助产士，加快或延缓历史必然命运的到来。

波普尔认为，历史主义否认人类理性具有造就一个更合理世界的能力。事实上，某些有影响的历史主义作家曾经乐观地预言过自由王国的到来。但是，他们又教导说，目前人类遭受苦难的必然王国向着自由与理性王国的过渡并不能靠理性来实现，而唯有靠严峻的必然性，靠那种盲目而又无情的历史发展的规律，才能到来。因此，行动主义只有当他默认行将到来的变化并能促进它们的时候，才能被证明是正当的，否则就是违背历史发展规律的。

可以看出，历史主义方法蕴含着一种出奇相似的社会学理论：社会必然要变化，但却是沿着一条不能改变的前定道路，通过被无情的必然性所前定的各个阶段而变化。如马克思所说："当一个社会发现了决定它自身运动的自然规律时，即使它这时既不能越过自己演变的各个自然阶段，也不能把它们从世界上一笔勾销，但是它对此有许多事情可以做：它可以缩短和减轻分娩的阵痛。"

马克思曾奔放地宣称："哲学只能解释世界，而问题在于改变世界。"对此波普尔质疑说："历史主义者只能以各种方式解释和协助社会的发展，然而他的论点却是没有人能够改变它。"

历史预言的谬误

亲自然主义的历史主义和反自然主义的历史主义并不是截然对立的，而是共享着一些最基本的假定，如坚持整体主义的方法和历史的宏观预言。此外，它们都错误地理解了自然科学的方法。亲自然主义错误地模仿自然科学方法，波普尔称之为"科学主义"。

对于历史主义者坚持的历史进化规律，波普尔是坚决否认的。波普尔说，赫胥黎所谓的"科学或迟或早将发现有机物种的进化规律，它是巨大的因果链条的不变秩序，而古今一切有机物种都是其中的环节"，"我相信这个问题的答案只能是否定的"。波普尔反对的理由其实很简单。他认为，地球上的生命进化或者社会进化，只是一个**单独的**历史过程（只有一个人类社会）。可以这样认为，进化的过程是遵照各种普遍规律进行的（力学的、化学的、遗传学的，等等），但是，对进化过程的描述却不是规律，而只是一个单称的历史命题。

任何规律都需要经受检验。如果我们永远只限于观察一个独一无二的过程（我们只能观察我们这个人类社会，而无法观察另外一个社会，以此检验这个规律或假说），那么我们就不能指望对普遍性的假说进行验证，不能指望发现科学所能接受的自然规律。对一个独一无二的过程的观察不可能帮助我们预见它的未来发展。波普尔举例说，如果你观察一个正在成长的蛹，不可能使我们预见它将变成蝴蝶。H. A. L. 弗塞尔明确发挥了波普尔的观点说："历史中……我只看见一个接一个的事件出现……只有一个重大的事实——由于它是独一无二的，所以不可能加以概括……"

　　此外，亲自然主义者从自然科学领域内借用了大量的概念和术语，如运动、静力学、动力学、进程、速度、运动系统、运动规律等。波普尔指出，如果仅仅是在日常的意义上使用这些概念来描述社会，这通常是无害的。然而，我们应该明白，我们只是在作比喻，而且是很容易引起误解的比喻。因为在物理学中，如果我们谈到物体或物体系统的运动，那么我们并非指该物体性质或内部结构有什么变化，而是指该物体在空间和时间上的位置变化。社会科学所说的运动与这个根本不同。同样，轨道、路线、方向、力的概念也是如此。如果只是为了直观地使用，那是无害的，但如果以科学自居，那么这些概念就会成为奇谈怪论。波普尔认为，"根本不存在与物体运动相类似的社会运动，所以不可能有那种规律"。

　　波普尔虽然否定社会规律的存在，但他认为，在社会变化中，趋势是存在的。每个统计学家都可以算出这类趋势。不过，**趋势不是规律**。断言趋势存在的命题是单称存在命题，而规律是全称命题。波普尔毫不客气地指出："社会运动变化这个概念本身——把社会看作实际物体那样，可以作为一个整体沿着一定的道路、按着一定的方向运动的这个想法，纯属集体主义的胡思乱想。"

　　对于历史主义者坚持的"大规模长期预告"，波普尔也进行了反驳。他把历史主义者的"大规模长期预告"称为预言（prophecy），以与自然科学的预告（prediction）区分开来。此外，他还区分了根据普遍规律给予的因果解释和对单个事件的解释。对规律性的因果解释就是从一组更普遍的规律（已被检验并独立确认的规律）演绎出一个规律（包含该规律能够被断定为真的那些条件），但趋势并不是如此，趋势只是对单个事件的描述。波普尔说，历史主义者的主要错误，正是在于把趋势和规律混为一谈，即他们所谓的"发展规律"，其实只是他们相信的"绝对趋势"。他们认为，这些趋势不依赖原始条件，所以跟规律混为一谈。它们承载着我们，不可抗拒地朝向某种方向而走入未来。**它们是无条件的预言的基础，而不是有条件的科学预告。**

波普尔提出了方法的统一性学说，即理论的或概括性的科学都需要采用一致的方法，不论自然科学还是社会科学都是如此。波普尔并不承认自然科学和社会科学之间没有任何共同特点，尽管他明白，即便是在自然科学领域，不同的科学部门之间，在科学方法上也存在大大小小的不同。但是，他坚持，无论是自然科学还是社会科学的方法，在如下这一点上是相同的：提供演绎性的因果解释，并检验它们（以预告的方式）。这种方法可以被称为假说—演绎方法。波普尔指出，在科学中，我们所关心的总是解释、预测和检验。这大体上就是以经验为根据的科学的方法。

此外，波普尔指出，不存在纯粹的经验事实，我们的观察和实验都要受理论或预期的影响。他说，这一点，在社会科学中甚至要比在自然科学中更为明显。在我们对我们的对象有所思考之前，我们是不可能看见和观察到它们的，因而大部分的社会科学的对象——如果不是全部的话——都是抽象的对象，它们乃是理论的构造（即使"战争"或"军队"也是抽象的概念，虽然这在某些人看来有点奇怪。具体的乃是有很多人被杀害了，或者穿着军装的男人女人等）。这些对象，这些用以解释我们经验的构造，都是建立起某些模型（尤其是制度的模型）以解释某些经验的结果。实际上，这在自然科学中是一种常见的理论方法（如在自然科学那里，我们建造了我们的原子模型、分子模型、固体模型等等）。通常，我们并没有察觉到我们是在运用假说或理论这一事实，从而把我们的理论模型错当成真实的事物。其实这只是一种太普通的错误。如果我们明白了这一点，我们就可以理解历史主义者的一个根本错误，即本质主义的错误。他们往往错误地把使用的概念、模型视为社会历史发展的本质。这样一来，就很容易摧毁方法论的唯实论的各种学说（即把它们看成是事物背后的幽灵或本质）。

波普尔在这里提出了一个极有启发性、极为重要的观点。社会科学的任务乃是以描述的或唯名论的词句来审慎地建立和分析社会学的模型，那就是说，是以个人的以及个人的态度、期望和关系等等的词句，来研究分析社会的各种具体现象，而不是以社会的、历史的名义概括宏观的历史运动规律。这一方法论，波普尔称之为"方法论的个人主义"。

因此，历史学的特征与其说是对规律或概括的兴趣，还不如说是对实际的、单一的或特定的事件的兴趣。只有在历史学中，我们才对一桩独特事件的因果解释真正感兴趣。在理论科学中，这类的因果解释主要是达到另一个不同目的——检验普遍规律——的手段。

前文提到，历史主义者为了实现其目的论的整体化蓝图，最终势必会从整体社会工程逐渐转到对社会成员的控制，使每个个体都适应这个蓝图，从而最终导致极权主义和个人自由的丧失。不过问题是，难道真的不能用科学来控制人的因素吗？对此，波普尔的态度是很鲜明的，那就是：不行！也许生物学和心理学不久就能解决"改造人的问题"，然而企图这样做的人就不得不破坏科学的客观性，从而也就破坏了科学本身，因为这两者都要以思想的自由竞争为基础，也就是以自由为基础的，如果理性的成长要继续下去而人的合理性也要生存下去的话，那么，个人以及他们的意见、目的和目标之间的分歧就绝不应该受到任何干扰。哪怕是要求一种感情上的令人感受得到的共同目标，无论是多么美好，也会是在要求放弃一切争鸣的道德意见以及由它们产生的相互批评和论辩，这就是在要求放弃理性的、批判的理想。

因此，进化论者要求对人性进行"科学"的控制，他们并没有认识到这个要求是多么富于自杀性。进化与进步的主动力乃是可选择的材料的多样性。就有关人类的进化而言，它就是"特立独行""与人不同的自由"——即"不同意大多数人而我行我素"的自由。整体主义的控制必然导致不是人类权利的平等化而是人类精神的平等化，这就意味着进步的终结。

波普尔说，我们不能仅仅诉诸感情，进步来源于理性的认识和批判、改正自己的错误。我们不要像历史主义者那样自以为是真理的守护神，我们要做错误的修改者。前者走向封闭、极权、专制和灭亡，而后者则走向开放、自由、民主和未来。

批判柏拉图

在西方文明史上，柏拉图可能是最受尊崇的思想家，他对西方两千多年的思想史产生了无与伦比的影响，以至于英国哲学家 A. N. 怀特海说，"西方两千年思想发展的历史不过是柏拉图思想的注脚而已"。在波普尔看来，柏拉图确实是伟大的思想家，同时也是一个历史主义者，是开放社会的最危险的敌人。

柏拉图的历史主义思想深受赫拉克利特的影响。了解希腊思想史的读者都知道，赫拉克利特以他的变化哲学闻名。他说："人不能两次踏进同一条河流。"波普尔把赫拉克利特确认为最早的历史主义者。因为，对变化，特别是对社会生活变化的强调，不仅是赫拉克利特哲学的一个重要特征，也是历史主义者普遍具有的一个重要特征。赫拉克利特哲学表露了历史主义的一个共同特征，即：变化（生成、毁灭）自身成了一种不可更易、永远不变的命运法则。就像赫拉克利特看到的，万物都像是火焰，燃烧之后就走向消亡。赫拉克利特在这个过程中分辨出一个法则、一种尺度、一种理性、一种智慧。他宣称，宇宙不过是世界过程中各种事件的预定秩序。世界上的每个法则，特别是火本身，都依据一个明确的法则——它的"尺度"而发展。

赫拉克利特生活的时代正是一个动荡、变化的年代。作为没落的贵族，赫拉克利特对这些变化发出无可奈何的哀叹，并将之视为不可改变、不可抵制的法则。

赫拉克利特的命运法则，在一定程度上既类似于法律律令或法律准则，同时又类似于自然法则或自然规律。在此，波普尔提出了一个重要的方法论标准，即不能在这二者之间作出区分，这正是部落禁忌制度的特征：对两种法则一视同仁，皆被看作神秘的东西。这导致的后果是，对这些本来是人为的禁忌进行理性批判，如同对自然世界的法则或规律进行尝试改良一样，简直不可想象，如赫拉克利特所说："一切事件皆因命运的必然性而产生，……太阳不会越出其轨道的尺度；否则正义的侍女——命运女神便会将其找出来。"与历史主义无情的命运观相连，我们频频发现一种神秘主义的成分。

赫拉克利特对柏拉图的思想产生了很大影响。与前者一样，柏拉图相信衰败这一普遍历史趋势，但他并不认为变化是无可逆转的。我们或许会通过抑制一切历史变化，进而阻止政治领域的腐败。这成了他的奋斗目标。他实现目标的方式，是建立一个没有任何邪恶的国家，因为它不衰败，它不变化。没有变化和腐败之恶的国家是尽善尽美的，它是不知变化为何的黄金时代国家。

柏拉图的社会政治哲学是历史主义和社会工程的最早结合。波普尔认为，柏拉图关于形式中理念的学说在他的哲学中至少有三种不同的功能：（1）它是一个最重要的方法论设计，因为它使纯粹的科学知识成为可能，甚至使能够应用于变幻事物的世界的知识成为可能（对于变幻事物的世界，我们不能直接获得任何知识，而只能获得意见）。因此，探讨变动的社会的各种问题和建立政治科学就成为可能了。（2）它给迫切需要的变化学说和衰败学说以及生成和衰亡的学说提供线索，尤其是为研究历史提供线索。（3）它在社会的领域里打开了一条通向某种社会工程的道路；它使制造工具来阻止社会变化成为可能，因为它建议要设计一个"最美好的国家"，这个国家同国家的形式或理念如此相似，以致它不会衰败。

波普尔用"方法论本质主义"这个名称来表示柏拉图和许多他的后继者所主张的观点。这种观点认为，纯粹知识或"科学"的任务是去发现和描述事物的真正本性，即隐藏在它们背后的那个实在或本质。在《历史主义的贫困》中，波普尔就曾指出，历史主义的一个主要问题，就是方法论的唯实论，也就是波普尔在这里所说的方法论本质主义，它认为科学的目的在于揭示本质并且用定义加以描述。

为了理解方法论的本质主义，我们可以把这种学说与其对立面，即方法论唯名论相对照。方法论唯名论的目的不是要发现事物确实是什么，不是要给事物的真正本性下定义，它的目的在于描述事物在各种情况下的状态。换句话说，方法论唯名论认为，科学的任务是描述经验中的事物和事件，是"解释"这些事件，即借助一些普遍规律来描述它们。波普尔认为，方法论唯名论正是自然科学中采用的方法。然而，社会科学的问题大部分仍然用本质主义的方法来处理。波普尔认为，这是社会科学之所以落后的主要原因之一。

柏拉图哲学中的本质主义和历史主义正是波普尔要决心摧毁的"有害部分"，因为这些有害部分，柏拉图政治哲学具有了极权主义倾向。

柏拉图的形式论或理念论意味着流变的世界的发展有某种趋势。它导出了这样一条规律，即这个世界中一切事物的衰败性一定会连续不断地增大。它解释了所有可感知事物的变化的一般方向，从而解释了人和人类社会显示出的衰败的历史趋势。柏拉图旨在设计一个由一条进化规律支配的历史阶段体系。换言之，柏拉图的目的在于建立一种历史主义的社会理论。为了力图理解并解释他所经历的变化着的社会世界，柏拉图为此提出了一种内容详尽的系统的历史主义社会学。他把现存的国家视为某种不变的形式或理念的走向衰退的摹本。

他把这些走向衰落的社会视为某种有机体，并把衰落看成是同年迈衰老近似的一个过程。而且，他相信这种衰落是理所当然的，因为道德的退化、灵魂的堕落和衰败，同社会机体的衰落相伴而来。

如何认识并评判柏拉图关于理念和社会衰退的历史主义政治理论呢？波普尔给我们建立了一个方法论标准。他提出，一个原始部落或"封闭社会"的神秘态度的特征之一，是它拥有恒久不变的禁忌，拥有被当作如日东升或季节循环，或类似于自然界的明显规律一样不可避免的律法和习俗的巫术传统。而只有在这种神秘的"封闭社会"已确实瓦解之后，才能发展起一种关于"自然"与"社会"二者之间差异的理论性认识。

　　波普尔把自然规律与规范性法则尚未作出区分的阶段称之为"朴素一元论"，这是原始社会（一种封闭社会）的基本特征。在这个阶段之内，可以进一步区分两种可能性：一是朴素的自然主义，认为无论是自然的或社会约定的规律性，都不具有任何改变的可能性。另外一种可能性更为重要，波普尔称之为朴素的约定主义，是把自然的和规范性的规律性统统当作像人似的神或半神的决定的表达方式。因此，季节的循环往复，或日月星辰的运动，都会被视为遵守着"造物主在创世之初宣布"和制定的"法则"或"天意"或"决定"。可以理解，那些按这种方式来思考的人会认为，即使是自然法则，在特定的例外情况下，也是为修改敞开门径的；在巫术活动的帮助下，人有时可以影响它们，而且自然的规律性可以由各种惩罚来维持，就像它们是规范性的规则一样。

　　朴素一元论是巫术部落制度的基础。当人们认识到，在不同的部落里禁忌各不相同，那些禁忌都是强加和强制执行的时候，巫术部落就开始解体。当人们注意到法则是由人类的立法者更改和制定的，这种认识过程就会加快。当人们在以决定或社会约定为基础的、由人强制执行的规范性法则，与超越了其力量范围之外的自然法则二者之间，能够进行有意识的区分时，就可以把所达到的这种态度称为一种批判的二元论或批判的约定主义。波普尔认为，在希腊哲学的发展当中，这种关于事实与规范的二元论本身是以自然与社会约定二者之间的对立来表述的。

波普尔强调说，批判的二元论的建立，是走向开放社会的标志。其意义在于，人类终于明白，正是我们而且仅仅是我们，对采纳或拒绝某些被提议的道德法则负有责任；正是我们，必须分清真正的先知与假冒的先知。

但是，从某种朴素的或神秘的一元论，到明确认识到规范与自然规律二者之间差别的批判的二元论，这个发展过程中存在许多中间步骤，波普尔将其区分为生物自然主义（道德规范、国家法律尽管是人定的，但符合自然规律，可以从自然规律中推导出来）、伦理或法律的实证主义（现有的法律、规范是最好的），以及心理或精神的自然主义（前两者的结合）。它们都错误地认为，如果某项规范是社会约定的或人为的，那么它就一定是完全任意的。柏拉图综合了所有这三种立场，特别是生物自然主义，以反对批判的二元论。

波普尔指出，柏拉图的生物自然主义表现为，他视人类的技艺或产品不过是理念或自然的事物的低劣的模仿。所有柏拉图想要强调其内在价值的那些事物，他都称其是自然的，以和人为的东西相对立。因此，只有符合自然的原则才是合理的原则。如在《法律篇》中，柏拉图把"强者应当统治而弱者应当被统治的原则"描述为"遵循自然"的一条原则，并把这条原则同他提出的另一条原则相比较："但是还存在着……一种主张，它是所有原则中最伟大的一条，即智慧者应当领导和统治，而无知者应当服从；而这一点，啊，品达，最智慧的诗人，无疑并不违反自然，而是遵循了自然。因为它所要求的，并不是外部强制，而是以双方同意为基础的法律的真正自然的统治。"

柏拉图生物自然主义也是他的国家理论的基础。在国家退化过程中的每一个典型阶段都是由人类灵魂的、人类本性的、人种退化过程中相对应的一个阶段带来的结果。而且既然这种道德的退化被解释为以种族的退化为基础，我们就可以说，柏拉图的自然主义中的生物学成分，最终证明在他的历史主义的基础之中具有极其重要的作用。因为最早的或完美国家的衰落的历史，不过是生物学上的人种退化的历史。

柏拉图暗示历史性的衰亡本来是可以避免的，假如最早的或自然的国家的统治者们被训练成为哲学家的话。但是，他们不是哲学家。他们在数学和辩证法方面没有受到训练（他主张他的天堂般的城邦的统治者们应受到这样的训练），而且为了避免退化，本来需要传授给他们优生学，即"保持保护者的血统之纯正"的科学，以及避免他们脉管中的贵金属同劳动者的贱金属相混杂的更高深的奥秘。我们看到，柏拉图的唯心主义历史主义最终不是依赖于精神的基础，而是依赖于生物学的基础，它依赖于一种关于人的种族的后设生物学（建筑在生物学上的认识论）。柏拉图不仅提出了国家的生物学理论，他还最先提出了社会动力学的、政治史学的生物和种族理论。

波普尔说，柏拉图采纳的生物自然主义最终导致了神秘主义和迷信，最后以一种关于生育的伪理性的数学理论告终。

波普尔把柏拉图的政治理想总结为两条，第一条跟他的理想主义的变化和静止观有关，第二条则来自他的生物自然主义。理想主义的方案是：阻止所有的政治变革。变化是邪恶

101

的，静止是神圣的。如果国家是照它最初的样子——即城邦的形式和理念制作而成的精准的复制品，则所有的变化都可被阻止。若要质问这样做的可行性，可以用自然主义回答：回到自然中去！回到我们祖先时代的最初的国家，原始国家的建立与人类的本性相适应，因而也是稳定的；回到人类堕落之前的部落父权制时代，回到那个聪明的少数人统治无知的多数人的天然的阶级统治时代。

波普尔认为，从上述政治理想出发，柏拉图提出了自己的政治蓝图，其基本要素有：

（A）严格的阶级区别。

（B）国家和统治阶级共命运。

（C）统治阶级对军队、教育的垄断。

（D）统治阶级内部的统一思想，并镇压在教育、法律、宗教方面所出现的一切革新。

（E）为维护稳定，国家必须自给自足。

波普尔说，这样的纲领，描述为极权主义是颇为公允的。为了表明柏拉图的极权主义思想，波普尔分析了柏拉图的"正义"概念，指出这一术语在柏拉图那里不过是"最完美国家的利益"的同义语，也就是统治阶级利益的同义语。柏拉图力陈其极权主义的阶级统治是"公正的"，而这与现代人对"正义"的通常理解正好相反。对于柏拉图来说，平等主义是他的头号敌人，是最大的邪恶，最大的危险，需要加以摧毁。

另外，柏拉图还是个人主义的敌人。波普尔指出，人文主义的正义理论提出了三项主要的要求或建议，即：（a）彻底的均等原则，也即建议根除"自然的"（天生的）特权；（b）普遍的个人主义原则；以及（c），这一原则认为，保护它的公民的自由应当是国家的任务和目的。这些政治要求或建议中的每一条在柏拉图那里都有与其截然相反的相对应的原则，即：（a_1）自然特权原则；（b_1）普遍的整体主义或集体主义原则；以及（c_1），这个原则认为，保持并加强国家的稳定应当是个人的任务和目的。

柏拉图把个人主义攻击为利己主义，不光为他捍卫集体主义而且为他攻击个人主义配备了有力的武器。为了捍卫集体主义，他可以利用我们无私的人道主义情感；为了进行攻击，他可以给所有的人文主义者打上自私的标记，因为他们只会为自己付出。

为何柏拉图竭力攻击个人主义？波普尔说，当柏拉图把枪口瞄准这种主义时，他很清楚自己在做什么，因为个人主义也许比平等主义更像是维护新的人文主义信念的桥头堡。个体的解放的确是一场伟大的思想革命，它导致了部落制度的解体和民主制度的兴起。柏拉图不可思议的社会学直觉表明，无论在哪里相遇，他都能辨认出他的敌人。

可以转引一段话来证明波普尔对柏拉图极权主义的指责。在《法律篇》中，柏拉图写道："一切当中最为重要的原则是，任何人，无论男女，一刻也不能没有领袖。也根本不能允许任何人的心灵习惯于凡事凭自己的直觉做，不管它是出于热情，还是开玩笑。但在战时或和平时期——他应当眼观领袖，忠诚地跟随他。即便是在最细小的问题上，也应当听从领袖。……（永远）不能妄想独立行动，绝对不能这么做。……从孩提时代开始就应当加以强化，——统治别人及被别人统治的习惯。无政府主义的一点踪迹都应当彻底地从所有人的生活当中除去，甚至包括那些受人类支配的牲畜。"

波普尔说，从未有人比柏拉图对个人主义怀有更强烈的敌意。他对个人及个人自由的憎恨，正如他对不断变化的特别经历、对变动不居的可感知事物的世界的多样性的仇恨。在政治学领域，个体在柏拉图看来就是魔鬼本身。

此外，柏拉图还提出了集体主义、部落主义、极权主义的道德理论："善就是为我们的集团、我们的部落、我们的国家利益服务。"总之，可以这么说，柏拉图的正义理论，如在《理想国》及以后的著作中所倡导的，是有意识地企图战胜他那个时代的平等主义、个人主义等思想倾向，并通过形成一种极权主义的道德理论来重申部落制度。而且，在他天生优等的精英种族的极权主义阶级统治这项事业当中，他成功地获得了人文主义情绪（他深知它的力量）的同情。

柏拉图的另外一个极权主义观念是他的统治者天生优等这一种族主义理论。对此，波普尔首先表达了他自己的观点。他说："为了提出对统治者进行制度控制这一问题，我们只需假定政府并不总是好的或聪明的就够了。但既然我已谈到了历史事实，我觉得我应当承认，我感觉上倾向于稍稍超越这个假定。我倾向于认为统治者很少在中等人之上，无论是在道德上还是在智慧上，而且常常是在中人之下。我认为在政府生活中接受这一原则是合情合理的，即我们要尽可能地为最差的统治者作好准备，当然，同时我们理应想办法得到最好的。在我看来，把我们所有的政治努力都寄托在我们将成功地得到优秀的甚至是有能力的统治者这一微弱的希望之上是荒唐的。"

但是，波普尔并没有忽略人的因素。他认识到，"不仅制度的结构包含有重要的人格决定，而且即使是最好的制度，如民主制衡，它的功用也常常在很大程度上依赖于相关的人。制度好似堡垒，它们得由人来精心设计并操纵"。

波普尔指出，当我们在批判制度的时候，一定不能忽略个人因素的作用。他们大多数对民主制度不满意，因为他们发现，它们并不一定能确保一个国家或一项政策达到那些既迫切又可敬的道德标准或政治要求。但是，波普尔提醒我们，这些批判瞄错了对象，它们不懂我们应当用民主制度干些什么，也不了解民主制度能干什么。波普尔说，民主最大的价值，就在于给政治制度改革提供了基本架构，从而有可能不使用暴力，而是用理性来设计新制度，改造旧制度。

波普尔说，民主本身并没有提供决策或讨论需要的理性，公民的心智和道德标准问题在很大程度上属于个人问题。因为一个民主国家的政治存在缺陷，就责备民主制度，这本身就是大错特错。相反，我们更应责备我们自己，即该民主国家的公民。在一个不民主的国家里，完成合理社会改革的唯一途径，就是通过暴力推翻政府，然后引进一套民主的理论体系。那些以任何"道德"理由来批判民主制度的人，没能分清个人问题与制度问题之间的不同。民主制度不会自我改进，需要人来改进。但假如我们想有所改进，我们必须搞清楚，哪些制度需要改进。

按照波普尔的开放社会标准，苏格拉底应该是古代世界最具开放精神的思想家，这与柏拉图的极权主义倾向形成了鲜明对比。苏格拉底批判任何形式的政府，同时又认识到忠实于国家法律的重要性。作为一名优秀的民主主义者，他感到揭露他那个时代的一些民主领袖的无能与空论是他的义务。与此同时，他反对任何形式的专制。他未必没有像柏拉图那样的主张，最优秀的人在他看来就是最聪明的人，或者那些对正义有所了解的人应当统治。他不独是位平等主义者，同时也是位个人主义者——也许是一切时代个人主义伦理观最伟大的倡导者。苏格拉底从不以真理的占有者自居，他说他知道的只是"自己的无知"。因为只有知道并承认自己的无知，才可能追求真理。他解释道，"哲学家"即智慧的热爱者、追求者，指的就是这个意思。波普尔说，苏格拉底的这种理智的谦虚和自我批判精神，足以抵消极权主义倾向。

但是，这种精神到了柏拉图那里发生了巨大的转变。哲学家不再是谦逊的追求者，而是骄傲的真理的占有者，或真理的化身，他具有心智上的直觉力，可以看到永恒神圣的形式和理念，并能够与之交流。他被置于所有的普通人之上，不论是他的智慧还是他的权力，即使"不是……神的，也似是神的"。波普尔说，很难想到有比苏格拉底和柏拉图那样的关于哲学的理念的更大的差异。"这是两个世界的差异——一个是谦逊理性的人的世界，另一个是极权主义的半神半人的世界。"

柏拉图说："聪明的人应当统治——真理的占有者，完全合格的哲学家。"这就是柏拉图的"哲学王"，对于这些人，"国家将树立纪念碑……来纪念他们。要把他们作为受崇拜的人……作为神一样的受神的圣宠保佑的人，祭品应当献给他们"。

波普尔指出，柏拉图和苏格拉底之间信念的差别甚至比他已揭示过的还要大。对柏拉图来说，欺骗是统治阶级的特权："它是城邦统治者的事，……去撒谎，为了城邦的利益欺骗他的敌人和他的公民。其他人绝不能沾染这种特权"；"如果统治者发现其他人对他撒谎……那么他将以有了损害威胁城邦的举动为由惩罚他们……"在柏拉图那里，极权主义的道德支配着一切，甚至包括对哲学家的界定及其理念。

波普尔对柏拉图的另外一个批判，就是他认为，柏拉图的政治纲领具有分明的整体主义乌托邦工程的色彩。简言之，乌托邦过程就是先设定自己的目的，然后根据目的决定手段，所以手段及过程都要服从于这一目的。假如应用于政治活动领域，这些原则要求我们在采取任何一种实际行动之前，必须决定我们最终的政治目标，或理想国家。只有当这个终极目标确定之后，我们才能开始考虑实现它的最佳途径和手段，并制订行动计划。这些是能够称得上理性的，特别是社会工程的任何实际政治行动必需的基本条件。乌托邦主义者试图实现一种理想的国家，他们描绘了一幅作为一个整体的社会蓝图，这就要求一种少数人的强有力的集权统治，因而可能导致独裁。

波普尔认为，柏拉图方法的这种扫荡性，这种极端的激进主义是同他的唯美主义联系在一起的。柏拉图的理念论具有典型的唯美主义倾向，他痛恨现实世界的缺陷和丑陋，希望建立一个永恒的、完美的世界。这种唯美主义本是一种可以理解的态度，哪个人不从内心里追求完美、梦想圆满呢？但是，波普尔提醒我们，这种审美的热情，仅当它受到理性、受到责任感以及受到帮助他人的人道主义的约束时，它才会变得有价值，否则它就是一种危险的热情。

显然，这种危险的热情表现出了激进主义中固有的非理性主义。波普尔说，在所有事物方面，我们只能通过试错法、通过犯错误和改进来学习，我们永远不能依靠灵感，依靠直觉，尽管灵感和直觉如能经过经验的检验也许极有价值。因此，假定彻底重建我们的社会将会立即带来一种可行的体制，这是不合理的。相反，我们应当预料到，由于缺乏经验，我们会犯很多错误，只有通过一种持久而勤勉的小幅度调整过程，才可能消除这些错误。换句话说，只有运用我们倡导使用的零敲碎打工程的理性方法，才能做到这一点。

希腊开放社会的兴起

波普尔揭露了柏拉图的极权主义，把他视为封闭社会的捍卫者，开放社会的危险敌人；同时，对苏格拉底给予了崇高的赞美，并视之为开放社会的最伟大的奠基者。在这对伟大的师生身上竟然存在着如此深刻的对立。

什么是封闭社会？什么是开放社会？波普尔给予了简洁的定义。神秘的或部落的或集体主义的社会也可以称为封闭社会，而每个人都面临个人决定的社会则称为开放社会。有学者说波普尔只讲了开放社会的敌人，而对于开放社会到底是什么则没有详细论说。笔者觉得，波普尔所说的开放社会是非常明确的，我们可以用几个对立来说明封闭社会与开放社会的区别：集体对个人，专制对民主，极权对自由，等级制对平等，迷信或真理垄断对批判和理性讨论，前者是封闭社会的特征，后者是开放社会的特征。

波普尔认为，从封闭社会到开放社会的过渡是人类所经历的一场最深刻的革命。波普尔说："当我们说我们的西方文明源于希腊时，我们应当明白这是什么意思。这指的是，希腊人为我们开始了这场伟大的革命，而现在这场革命似乎仍然处于开始阶段——从封闭社会到开放社会的过渡。"

当然，这场革命不是人们有意识地发动的。随着希腊人口的不断增长，子城邦不断出现。特别是由于商业贸易和航海的发展，到了公元前 6 世纪，旧有生活方式开始部分解体，甚至导致一系列的政治革命和反动。它不但导致了用暴力来保存和保住部落社会（如斯巴达），而且还导致了伟大的精神革命，出现了批判性的讨论，以及随之出现了从神秘迷信中解放出来的思想。波普尔说："在那个时候，在修昔底德的同一代人之中，掀起了对理性、自由和博爱的新信念——我认为这个新信念就是开放社会唯一可能的信念。"

波普尔把这一"标志着人类历史的转折点"称为"伟大的时代"。这个时代的雅典，出现了很多伟大的人物，有索福克勒斯或修昔底德这样的伟大的保守主义者；也有代表这个转变时期的欧里庇得斯；或者走向怀疑论的阿里斯多芬；还有伟大的民主领袖伯里克利，他提出在法律面前人人平等和政治个人主义的原则；有提出人是万物尺度的普罗塔哥拉；有德谟克利特，等等，他们提出，语言、风俗习惯和法律这些人类建构并不具有禁忌的神秘性质，而是人的创造，不是自然的而是约定俗成的；还有高尔吉亚学派——其中有阿基达玛、利科弗龙和安提斯泰尼，他们提出了反奴隶制、理性保护主义和反民族主义（即人类世界主义）的基本教义。这些都是开放社会的基本要素。

值得把波普尔引用他们的话转引于此，通过这些话，我们可以对开放社会有更深刻的认识。德谟克利特说："我们之所以不应该做坏事，不是出于恐惧而是出于正义感……美德主要在于对别人的尊重……每一个人都是他自己的小世界……我们应当尽力帮助那些受到不公平待遇的人……善就是不做坏事，而且不想做坏事……善的行为不是说好话就算数……民主政治的贫困比贵族政治或君主政治据说所具有的繁荣要好，就像自由比奴役要好……有智慧的人属于所有的国家，因为伟大灵魂之家是整个世界。"

波普尔认为，伯里克利著名的葬礼演说更能代表开放社会的精神："我们的政治体制与别处实行的制度不同。我们并不照搬我们的邻国，而是要成为一个榜样。我们的政府是使多数人得益，这就是为什么它被称为民主政府之故。法律为所有的人在他们的私人争议中提供平等的裁判，但我们并没有忽视优秀者应有的权利。当一个才华出众的公民都会被召请去为国家效劳，待遇比别人优厚，但这不是特权，而是对作贡献的奖赏；贫穷不是障碍……我们所享有的自由扩及日常生活；我们并不彼此猜疑，而且当别人选择他自己的道路时，我们也不会横加指责……但是这种自由不会使我们无法无天。我们被教导要尊重行政长官和法律，绝不忘记我们必须保护受害者。我们也被教导要服从完全基于普遍的正义感来施行的那些不成文法……我们的城邦是向世界开放的；我们绝不驱逐一个外国人……我们完全按自己的意愿自己生活，但我们永远准备面临各种危险……我们爱美，但不沉醉于幻想，而且，我们力图增进我们的理智，但这并不减弱我们的意志……承认自己贫穷并不使我们感到丢脸，但我们认为，不去努力避免贫穷才是丢脸的事。一个雅典公民在干他自己的私事时不会漠视公众事务……我们不是把那些对国家漠不关心的人看作无害，而是看作无用；而且，尽管只有少数几个人可以制定政策，但我们所有的人都可以评论它。我们并不认为讨论有碍于政治行动，而是认为这是明智行动的不可缺少的首要条件……我们相信，幸福是自由的果实，而自由则是勇气的果实，我们也不会害怕战争的危险……总而言之，我认为雅典是希腊的学校，各个雅典在其成长中发展多方面的优秀才能，对突然事件有思想准备，有自力更生的精神。"

波普尔对这段话大加赞赏，认为这些话表达了这个伟大时代的真正精神。我们可以从这段话理解波普尔所谓的开放社会到底有哪些要素：平等主义、个人主义、自由、法制、理性约束下的民主（政策的公开、透明、讨论等）、世界主义、人道主义。

波普尔说，哲学的兴起可以解释为对封闭社会及其神秘信仰的衰落的一种反应。它力图用理性的信念来取代已经丧失的神秘信念；它建立新的传统，向各种学说和神话挑战，并对它们加以批判性讨论，以改造传授某个学说或神话的旧传统。

此处，很有必要再强调一下波普尔对苏格拉底的认识和评价。苏格拉底是哲学的象征，而且还是波普尔眼里的开放社会的伟大奠基者。在波普尔看来，作为开放社会的奠基者，苏格拉底思想中最重要的要素，是他的个人主义。在苏格拉底的时代，随着部落社会的解体和宗教控制的衰落，人们开始逐渐觉醒，认识到自我及其价值。如普罗塔哥拉提出的"人是万物的尺度"，开始强调人的地位和价值。但是，只有到苏格拉底，才提出了重视**个人**的思想。根据波普尔的观点，对个人、自我的自觉重视是开放社会的基石。

苏格拉底说，"认识你自己"，其意思不仅是提醒人们认识到自己的无知，更重要的是认识到自己是一个人，有能力获取知识、进行思考的人，能追求真理、善、美好和幸福的人，一个独立的、自主的人，当然在道德上也是为自己负责的人。

苏格拉底的一生可以说就是一个独立、自主人生的代表，正如波普尔所说，苏格拉底之死乃是他的真诚的最终证明。在

《申辩篇》中，苏格拉底说："我是上帝带给这个城邦的牛虻，我随时随地都盯住你们，唤醒、劝导和责备你们。你们将不容易再找到像我那样的另一个人，所以我劝你们不要置我于死地……如果你们攻击我，像安尼图斯劝说你们的那样，并轻率地把我处死，那么，你们在今后的生活中将永远沉睡不醒了，除非上帝关怀，给你们送来另一只牛虻。"从中，我们可以读出波普尔所说的苏格拉底身上的光明磊落、独立自由的精神。这就是开放社会的精神。

作为开放社会敌人的亚里士多德和黑格尔

当波普尔完成《开放社会及其敌人》并寄往英国之后，一开始遭到了退稿，理由是对亚里士多德不敬。事实确实如此，波普尔对柏拉图的批判几乎占去了全书一半的篇幅，而对亚里士多德，只是被作为黑格尔极权主义思想的来源，进行了相对简单得多的讨论。这也能看出，波普尔认为柏拉图思想的重要性远过于亚里士多德思想的重要性。此外，相比较于柏拉图，波普尔对亚里士多德使用的语言更加尖刻和轻慢。

如果柏拉图是西方思想史上最受尊敬的思想家的话，那么亚里士多德应该是第二受尊敬的思想家。但是，对于这么一位被广泛认为是伟大的人物，波普尔评价说："就亚里士多德而言，虽然他学识渊博，有着惊人的视界，但却并不是一个具有伟大的思想创造力的人。他补充到柏拉图的观念库之中的主要是系统化，以及对经验问题尤其是对生物学问题的浓厚兴趣……与柏拉图的具有洞察力的思想火花不同，我们在亚里士多德那里发现的却是枯燥的系统化……这也意味着，由于过于烦琐和严肃反而抓不住论点。这种令人恼怒的倾向在亚里士多德著名的《方法篇》中被系统化了，并成为他后来经常被迫地甚至愚蠢地批评柏拉图的原因之一。……亚里士多德的思想完全被柏拉图所支配。在他能够调和的范围内，虽然在某种程度上略带忌妒，他总是听其性情的许可紧密地追随着他的伟大的老师，这不仅表现在一般的政治理论中，而且实际上在各个方面都是这样。他赞同并系统化了柏拉图的自然主义的奴隶制理论……"

笔者在这里长篇引用波普尔对亚里士多德的评价，并不是因为认可他的这些说法，而是想给读者提供一种不同的观点，来抵消我们常常具有的伟人崇拜心理。实际上，亚里士多德作为思想家，其原创性的确要较柏拉图逊色不少，而且，正如波普尔标明的，他在极权主义思想上也基本继承了他老师的观点。

波普尔指出，导致亚里士多德走向历史主义的是他的本质主义立场。亚里士多德的自然运动理论、四因说、生物学目的论都带着强烈的本质主义色彩。亚里士多德本人似乎并不对历史趋势感兴趣，但他关于变化的理论却可以导致宏大的历史主义解释。从亚里士多德的本质主义中，波普尔区分出三种历史主义理论：（1）只有一个人或一个国家在发展，并且只有借助其历史，我们才能明了有关其"隐藏的、未发展的本质"。（2）变化只能使内在于变化客体之中的本质、潜能种子显现。这种理论导致一种历史宿命论的或一种不可避免的本质命运的历史主义观念。（3）为了变成实在或现实，本质必须在变化中显示自身。也就是说，奴隶主要在变化中显示自己奴隶主的特性，国家要在变化中显示自己国家的特性。

正如我们在前文的介绍，波普尔已经证明了本质主义是一种错误的观点，却是历史主义的一个主要要素，从本质主义出发必然会走向历史主义，这在亚里士多德身上得到了明显的表现。波普尔认为，柏拉图和亚里士多德的本质主义产生了恶劣的影响："首先，它导致了一系列的无益而烦琐的分析。……本质主义不仅鼓励了文字游戏，而且还导致了论证的幻想破灭，即理性的幻想破灭，经院哲学和神秘主义以及对理性的绝望，这些都是柏拉图和亚里士多德的本质主义的不可避免的结果。"波普尔提醒我们说，"柏拉图和亚里士多德的哲学曾经被中世纪极权主义所采纳"，单凭这一事实，我们就应该能够判断他们二人思想的特征。

在波普尔看来，如果柏拉图和亚里士多德是古代思想史中开放社会最大的敌人的话，那么，黑格尔就是现代思想中"历史主义和极权主义之父"。

对于黑格尔这样一位"大人物"，如果不是其极权主义思想需要受到批判和揭露的话，波普尔绝不会在他身上浪费任何时间。波普尔向来对那些以艰深、晦涩闻名的德语作家极为厌恶，而黑格尔就是此类文风的最大代表（还有 20 世纪法兰克福学派的某些代表人物）。

关于黑格尔，这位"赫拉克利特、柏拉图和亚里士多德的直接追随者"，波普尔以（少见的）揶揄的口吻写道，在黑格尔取得的"极其非凡的业绩"中，包括："作为一个逻辑学大师，从纯粹形而上学的丝帽中变出真实的物质的兔子，对其强大的辩证法来说，简直如同儿戏。……从柏拉图的《蒂迈欧篇》及其神秘的数出发，黑格尔以纯粹的哲学方法（在牛顿的《原理》一书问世 114 年之后）成功'证明'：行星必然按照开普勒定律运行。……同样地，他证明磁吸铁意味着增加铁的重量，牛顿的惯性理论和重力理论互相矛盾（当然，他不可能预见到爱因斯坦的理论），以及许多诸如此类的事情。"

为了认识黑格尔的特点，我们可以引用黑格尔《自然哲学》第三章"绝对力学"论万有引力（第 269 小节）中的一段文字："万有引力是实现为理念的真正的和确定的物质形体概念。一般的形体本质上把自身分解为许多特殊的物体，并把自身结合为个别性或主观性的环节，作为表现在运动中的特定存在，这样，个体性就直接是许多物体组成的一个系统。"

从这段神秘莫测的文字中，很难看出黑格尔到底在说什么。波普尔说，这样一种"令人吃惊的强大的"哲学方法受到认真对待，只能用德国自然科学的落后来解释。他甚至猜想，人们之所以受他影响，也许是想在他晦涩的文字中发现某种隐藏着的高深的智慧和秘密。不过，真正让波普尔吃惊并痛心的是，黑格尔哲学在欧洲确实获得了极大的影响，不仅是在哲学界，甚至在教育、历史、政治、道德等许多领域都有强大的影响力。正如波普尔看到的，马克思主义的极左派、保守的中间派和法西斯主义的极右派，都把他们的政治哲学建立在黑格尔的基础上；左派用阶级战争取代了黑格尔历史主义框架中出现的民族战争，右派则用种族战争取代了民族战争。

波普尔指出，黑格尔对国家有着像柏拉图一样的崇拜。黑格尔的理论是，国家即一切，个人什么也不是，一切都归于国家，包括他的肉体和他的精神存在。"普遍定能在国家中找到"，黑格尔写道，"正如它在尘世存在那样，国家是神圣的理念……因此我们必须把国家作为神在尘世的显现来崇拜，并考虑到，如果理解自然有困难的话，那么，把握国家的本质就更比登天还要难……国家是神在尘世的旅程……国家是实在的；……真正的实在是必然的。实在的东西永远是必然的……国家……为了自己的目的而存在……国家是现实的存在，实现了道德的生活。"波普尔说，黑格尔的这段话足以表明黑格尔的柏拉图主义及其对国家的绝对道德权威的坚持，它们否决了一切个人道德和一切良心。

对于黑格尔如此歇斯底里地鼓吹国家主义，波普尔说，"我断言，他肯定受到了不可告人的动机的驱使"，即为皇帝威廉三世复兴普鲁士政府的利益而鼓吹。对于这样的御用哲学家，波普尔引用熟知黑格尔的另外一位哲学家叔本华的话来表达他的厌恶之情，叔本华对这位大师作了如下生动的描述："由上方以权力任命的黑格尔，作为持有证书的大哲学家，是一个头脑迟钝、谈吐乏味、使人厌恶、缺乏语言方面知识的骗子，他厚颜无耻到极点，把一些疯狂无比的神秘的胡说乱写拼凑在一起。这些胡说被雇佣的追随者们称作不朽的智慧，所有的笨蛋都欣然接受了它们，因而凑成了空前完美的赞美大合唱。由于那些掌权人的支持而形成的黑格尔在精神领域影响的扩大，使他有可能造成整个一代人的理智堕落。"

强调国家至上、集体至上是封闭社会的主要特征，也是开放社会的主要危险，因为这势必导向压抑自由、批判和理性。正如波普尔指出的，从黑格尔关于思想自由、科学独立性和客观真理标准等问题的讨论中，就可以看出黑格尔是多么危险的敌人。黑格尔说："思想自由和科学只能源于国家；……科学，因而必须从国家寻求保护。"而科学与理性对自由的要求被黑格尔描述为"自命不凡"。这是因为，"国家必须捍卫客观真理……一般而言，对什么被视为客观真理……国家必须作出决断"，"绝对的自我裁决构成了君主的权力……整体中绝对的决定的因素……是单一的个人，即君主"。

这样，黑格尔就用国家或君主代替了上帝，成为真理的标准和发布者。波普尔气愤地（这从他使用的词语可以看出）指出，这位政府雇佣的哲学家，如此赤裸裸地蔑视科学理性、思想自由和个人自主，靠贩卖"江湖骗术"（叔本华对黑格尔的描述）愚弄读者的"小丑竟然还被认真对待"，"被变成崇拜的对象"，这个事实"令人吃惊"。黑格尔几乎就是"极权主义运动的武器库"，集中了历史上所有敌视自由和民主的思想理论，如民族主义（德意志民族主义）、国家主义、集体主义、专制主义、虚无主义、伟人崇拜、英雄崇拜等等。

叔本华曾在 1840 年预言黑格尔"庞大的神秘体系将会给子孙后代提供无穷无尽的笑料"。但是，波普尔说，黑格尔带来的不仅是笑料，还有可怕的伤害。"我们必须制止它。早在一百多年前，这个可恶的东西就曾经得到如此清楚的揭露，可惜未能成功。今天，即使代价是如果触及它就会弄脏我们自身，我们也必须把自己的思想说出来。"

马克思的预言

与黑格尔、亚里士多德甚至柏拉图这三位"反动派"相比，马克思得到了波普尔真正的尊敬。对于马克思，波普尔曾有过矛盾的情感。他曾是一个马克思主义者，后来因无法接受马克思的历史主义而放弃。尽管波普尔对马克思的理论持批判的态度，但对马克思本人及他的理论，波普尔给予了高度的尊敬。他称马克思为"错误的预言家"，马克思主义理论是"历史主义的最纯粹的、最发达的和最危险的形式"。

在展开对马克思的批判之前，波普尔首先高度评价了马克思的伟大贡献。波普尔的这些赞誉都是恰当的、真诚的。他说，不能忽视"马克思主义的人道主义激励"，而且应该看到，"同右派黑格尔分子相反，在把理性的方法运用于社会生活的最迫切的问题上，马克思作了诚挚的尝试"。

甚至，波普尔承认自己受到马克思的影响，他说："他以各种方式开拓了我们的眼界，使我们的目光更敏锐。退回到前马克思的社会科学，是不可想象的。所有现代的著作家都受惠于马克思，尽管他们并不知道这点。对于那些像我一样不赞同马克思的理论的人，情况显得尤其如此；我欣然承认，例如我对柏拉图和黑格尔的研究，就打上了受马克思影响的印记。"

波普尔说，不能怀疑马克思的真诚，他的"开放的心灵，敏锐的现实感，不信空言，尤其是不信道德方面的空言，使他成了世界上反对伪善和法利赛主义的最有影响的战士之一。他有着帮助被压迫者的强烈欲望；他充分意识到，需要在行动上而不只是在言词中证实自身。尽管马克思的主要才能是在理论方面，但是为铸造他认为是科学的战斗武器，以改进大多数人的命运，他付出了巨大辛劳。……他在知识中找到了一种推动人进步的手段"。

然而，波普尔认为，尽管马克思本人有着极为真诚的愿望，付出了艰苦的努力，但他的理论却误导了人们，他的历史主义产生了破坏性的影响，他对历史进程的预言没有实现。直言之，他是一位"错误的预言家"。

首先，波普尔指出了马克思思想中的历史主义成分。人们通常认为马克思主义重视经济动机或阶级利益等因素在历史发展中的推动作用，也就是"历史唯物主义"这个名词所暗含的意思。但是波普尔通过分析表明，这是对马克思的误解，他把这种观点称为"庸俗马克思主义"。在波普尔看来，对马克思的这种解释"似乎跟马克思没有什么关系"。虽然马克思有时也谈论诸如贪婪和利润动机等心理学的现象，但却从不是为了解释历史。

实际上，波普尔指出，这不是原因，而是结果。也就是说，这是历史的反应而不是其推动力。马克思认为，诸如战争、萧条和饥荒等现象，不是出自"大企业"或"帝国主义战争贩子"的狡诈诡计的结果，而是各种行为的无目的的社会后果，是社会体系之网络中的各种行为者导引的不同结果。实际上，在马克思的历史观中，历史舞台上的人间演员（包括所谓"大"人物）都只是被经济利益（谁都无法驾驭的历史力量）不可抗拒地推动着的木偶。马克思教导说，历史的舞台被设置在"必然王国"之中，因此推动历史发展的不是各色人等的心理动机或阶级利益，而是不可抗拒的必然规律，是经济运动自身的逻辑。

在马克思看来，试图运用法律和政治手段来实现变革，这是徒劳的。政治革命只能导致一批统治者让位给另外一批统治者，唯有生产方式和经济现实的进化才能导致真正的社会变革。当物质条件（经济基础）成熟起来后，旧的社会关系和法律政治制度就像衣服一样已经无法包裹日益增长的躯体，势必被冲破，"社会革命的时代就到来了"，"随着经济基础的变更，全部庞大的上层建筑也或慢或快地发生革命"。

波普尔认为，马克思的社会工程是整体性的，而不是他自己说的零敲碎打工程。因为，按照马克思的逻辑，我们不能随

119

心所欲地改变社会体系，并且相反，个人的、局部的工程要受制于社会整体的发展规律。无论是资产阶级还是无产阶级，能做的只是演好各自的角色，发展生产力，以加速社会主义的到来。

另外，波普尔说，马克思的国家观中同样表现出黑格尔等人具有的本质主义倾向。因为马克思并不关心如何调整政治法律制度以与现实相适应，而是追问政治法律制度的本质，追问这些制度的阶级属性和目的，进而追问国家的本质和目的。这种本质主义导致的结果，就是一切的政治法律制度的改革（零敲碎打工程）都不具有决定性的意义。

历史主义是导致历史预言的理论，马克思可以说是历史预言的最伟大代表。马克思主义是一种纯粹的历史理论，一种旨在预测经济和政治的发展的未来进程，尤其是预测革命的未来进程的理论。波普尔认为，这种对科学预测的强调，实质上是一种重要的、方法论的发现，不幸的是，它把马克思引入了歧途。他说："因为一个似是而非的论据（只有当未来被提前决定——只有当未来像从前一样存在于过去之中、被嵌入过去之中——科学才能够预见未来）把马克思引向固执于这一虚假的信仰，即严格的科学方法必须建立在严格的决定论的基础之上。马克思关于自然界和历史发展的'无情规律'的说法，清楚地表明了拉普拉斯氛围和法国唯物主义的影响。"

波普尔本人对决定论思想进行过多次批判，并试图影响爱因斯坦，劝他放弃自己的决定论信念。在马克思的时代，正是决定论思想在自然科学领域乃至社会思想领域取得最大影响的时代。因为经典力学取得的伟大成就，人们普遍相信，这个世界是一个决定论的世界，正如拉普拉斯所说的，只要我们知道了某个系统（哪怕这个系统是宇宙）状态的所有初始条件，我们就可以推知过去，并预言未来。换句话说，未来已经被决定于过去的状态之中。

这种信念影响了社会科学。波普尔说，人们对科学算命术的此类信仰，并不只是建立在决定论的基础上。另外一个重要原因是我们混淆了科学预测和宏大历史预言之间的区别。正如波普尔在《历史主义的贫困》中分析过的，科学进行的是有条件的预测，而历史主义主张的不过是一种"无条件的预言"，是在广泛战线上预言社会未来发展的主要趋势。这两种预测是根本不同的，前者的科学特征并不为后者的科学性提供证据。

在分析了马克思预言的错误原因之后，波普尔表明，马克思的历史预言无一实现。波普尔把马克思的预言分为三步：第一步，阐发对资本主义基本经济力量及其对阶级关系的影响；第二步，得出社会革命不可避免；第三步，预言无产阶级社会或社会主义诞生。波普尔依次对马克思的论证进行了详细分析后指出，马克思的第三步预言不难从前两步推出来。

然而，波普尔认为，最重要的是经验证明，马克思的预言是错误的。波普尔说："对我的论证的力量，我不抱任何幻想，经验表明，马克思的预言是虚假的。"波普尔指出，首先，马克思分析的基础是放任资本主义，但实际上放任资本主义早已经在西方结束，结果并未出现马克思预言的社会主义取代资本主义的事情。此外，他预言社会主义将在高度工业化的发达资本主义国家率先实现，这同样为俄国革命、中欧乃至中国等国家所证伪。波普尔说："按照马克思的理论，无产阶级革命应该是工业化的结果，而不是相反。它应该首先在高度工业化的国家发生，只是很久以后才会在俄国发生。"其次，马克思预言，随着资本主义的发展，中间阶级将会消失，而工人的处境将随着财富增长而更加悲惨。波普尔说，从逻辑上讲，这些预言同样不能从马克思的论证推理出来。更重要的是，这一预言与后来的事实并不符合，中产阶级没有消失，而工人的生活也一直未得到改善和提高。

关于马克思的预言，波普尔总结说："构成马克思历史预言之基础的论证，是无效的。他想从观察当代经济的趋势出发，推出预言式的结论，这种创造性的尝试已经失败。它所失败的原因，不在于论证的经济基础不充分。马克思对当代社会的社会学的和经济的分析，在某种程度上可以说是片面的。然而，撇开其偏见不论，就它们都具有描述性而言，则是优秀的。作为一名预言家，马克思失败的原因，完全在于历史主义的贫乏，在于这一简单的事实，即：即使我们观察今天所表现的历史趋势或倾向，我们也不可能知道，它明天是否会有同样的表现。"

按照波普尔表明的，马克思的"不可抗拒的发展规律"和"不能逾越的历史阶段"，并没有让马克思得出一条准确的历史预言。但是，波普尔提醒我们，这些错误预言并不能影响马克思在制度学研究上的伟大成就。他通过制度学分析的方法，引出资本家被迫通过竞争提高生产率这样正确的结论。此外，马克思建立贸易循环理论和剩余人口理论的基础，也是一种制度学分析。波普尔说，甚至连马克思的阶级斗争理论也是制度学的，是控制财富和权力的分配机制的组成部分，是使广泛意义上的集体议价成为可能的机制的组成部分。在这种制度学分析中，并没有可供典型的历史主义的"历史发展规律"、阶段、时期或趋势发挥任何作用的余地。

此外，马克思对基督教的伪善也进行了激烈的揭露与批判，并产生了深远的影响。在马克思的时代，为资本主义剥削进行伪善的辩护是官方基督教的普遍特征。如《论济贫法》一书的作者、被马克思称为"剥削的最粗俗的辩护士"唐森说："饥饿不仅是和平的、无声的和持续不断的压力，而且是刺激勤勉和劳动的最自然的动力，会唤起最大的干劲。"马克思对这种伪善的基督教给予了猛烈的嘲讽和抨击。波普尔说，如果这种"基督教"从我们地球的较先进的部分消失了，那么，它在极大的程度上应该归功于马克思所带来的道德改革，"他对基督教的影响或许可以与路德对罗马教会的影响相比"。

不过，尽管马克思获得了多方面的成就和影响，但是，在历史主义的影响下，他主要成了一个预言家。他确定，至少在资本主义之下，我们必须服从"各种无情的规律"，服从这一事实，即我们所能做的就是去"缩短和减轻其进化的自然阶段的分娩的痛苦"。在马克思的行动主义和他的历史主义之间，存在一条很宽广的鸿沟，这条鸿沟被他的这一理论进一步扩大了，即认为我们必须服从历史的纯粹不合理的力量。因为，自从他把各种为了美好未来而运用理性进行设计的一切尝试斥之为乌托邦之后，我们就放弃了理性的力量。波普尔说，这样一种观点是不可能成功的。

第 4 章

20 世纪的教训

　　《开放社会及其敌人》先后遭到二十多家出版社拒绝，辗转几年之后，才在哈耶克等人的帮助下得以出版。该书出版之后立即获得了极为广泛的影响。波普尔因为对极权主义的批判和对民主自由的捍卫，被誉为"民主的保卫者"，"开放社会之父"，在世界许多国家都享有盛誉。1991 年和 1993 年，意大利记者贾恩卡洛·博塞蒂（Giancarlo Bosetti）专程赶到伦敦对这位九旬老人进行了采访，波普尔对整个 20 世纪的风云变化进行了回顾和评价，表达了他对人类走向美好生活的关怀和祝愿。他的很多观点是他九十年的人生智慧的结晶，是他不断探索思考的产物。

波普尔与共产党、马克思主义

　　波普尔 15 岁的时候，第一次听说了俄国"十月革命"。那时的奥地利，到处流传着托洛茨基等人在布里斯托克与盟国谈判时的演说词。这是波普尔第一次注意到共产主义。据波普尔回忆，那时他认识的一个俄国朋友（1905 年俄国革命时是学生领袖）对他说，为了党的利益，共产党可以干出任何事情。但当时，年轻的波普尔还是受到托洛茨基演讲的深刻影响，对共产主义深信不疑。他告诉博塞蒂，1919 年战后没多久，他就跑到共产党办事处帮忙、跑腿。奥地利哲学家鲁道夫·艾斯勒的三个子女是办事处的主要成员，其中，格哈特日后成了美国共产党的领导人，汉斯是民主德国著名的音乐家，费绿蒂是德国共产党的主要领导人。

波普尔说，平日里，这些共产党朋友对他很好，甚至有些"宠他"，但每当莫斯科来电，他们的态度就会 180 度转弯，不论以前讲过什么，都会颠倒过来。正如波普尔在自传里提到的，这一点使他对共产主义的信仰开始动摇。

博塞蒂说，以他的了解，他们都是坚执的知识分子，竟然能如此地善变，一定是共产主义意识形态所致。波普尔同意他的看法，并肯定了这就是他开始怀疑共产主义的原因。波普尔说，马克思预言，共产主义即将来临，这是人类社会运动不可避免的规律，而邪恶的资本主义制度一定会被历史、被共产主义埋葬。那时，人类将过上没有剥削、没有战争的美好生活。波普尔没有从人类社会发展的根本方向上肯定共产主义社会的历史必然性，而是鉴于共产主义至今尚未实现，从他的反历史主义观点出发，将共产主义预言说成是"陷阱"或"捕鼠器"，他自己就是被诱捕的一只老鼠。

波普尔解释说，之所以称之为"陷阱"，是因为共产主义预言了一个美好社会，让你感到有责任为这么一个社会的早日降临付出努力，因为这是无可抗拒的历史法则，如果拒绝，那就等于是在犯罪，或者会成为反对派的帮凶。为了这个伟大目标，犯些小错，都是无关紧要之事。

后来发生的几件事情，终于使波普尔放弃了共产主义。其中最重要的，是有几名共产党员被捕。在共产党的鼓动下，人们走向街头游行示威，要求当局释放被捕的共产党员，从而引发冲突，致使六名青年死于警察的枪下。

为什么警察开枪打死了这六名青年，波普尔却把账算到了共产党身上？博塞蒂向波普尔表达了这样的疑问。实际上，波普尔在其自传中也提及了此事，且有所说明。波普尔明确说，他认为这是马克思主义的历史主义所致，因为马克思说资本主义终将灭亡，共产主义一定到来，我们应该为建立那样的社会而斗争，当我们胜利之后，人类就会过上美好的生活。正是这样的信念鼓励人们去为之牺牲。波普尔说，那时他开始怀疑：事情果真如此吗？于是，他下决心要弄清楚，马克思的理论到底有无根据。

经过一番探询之后，波普尔最终把马克思的《资本论》归为几个要点：（1）资本主义只能摧毁，不能改造；（2）贫穷只会累积、加重，工人生活会越来越艰难；（3）不能谴责个别资本家，他们也是这个体系的受害者。我们前面介绍过，这些正是波普尔在《开放社会及其敌人》中集中批判的马克思历史决定论的主要观点。

波普尔说，马克思那个时代的资本主义确实有很多问题，但是可以进行改良，为什么一定要全部摧毁呢？波普尔说，实际上马克思本人已经承认，也许在英国不靠暴力，革命也会到来。波普尔指出，实际上，当时一些主要资本主义国家已经开始改革，如英国、德国等。

对于马克思的贡献，波普尔仍然给予了高度肯定，认为在马克思之前，没有严肃的经济史。问题是，马克思过于夸大了经济因素的作用，认定经济是唯一决定性因素，那就错了。波普尔说，社会现实复杂多了，宗教、国籍、友谊甚至老同学，都有一定的影响力。

波普尔对萨哈罗夫与苏联衰败的评析

波普尔对苏联衰败也作了分析。他说，尽管一代代人都被灌输了共产主义，但到了赫鲁晓夫时代，已经没什么人真的相信了。但是，有一则信条被保留了，那就是：一定要铲除资本主义！资本主义（实即英美）是他们的敌人，一定要摧毁。波普尔说，赫鲁晓夫回忆录可以用一句话来概括，即"铲除资本主义是社会发展的核心课题"。

波普尔对古巴危机也发表了看法。他认为，古巴危机表明苏联第一次有可能摧毁美国。本来苏联是无望完成自己的使命的，直到萨哈罗夫氢弹问世。波普尔说，萨哈罗夫应该担负罪犯的罪名。

博塞蒂问波普尔，他在萨哈罗夫 1975 年获得诺贝尔和平奖时曾给予高度赞美，1981 年他又称萨哈罗夫是"伟大的思想家、伟大的人道主义者"，怎么现在对他的评价变化如此之大呢？波普尔说，他看了萨哈罗夫的回忆录之后就改变了自己的看法。他认为，萨哈罗夫制造氢弹，一种比广岛原子弹威力大几千倍的核弹，并主动考虑如何在实战中使用，这是他不能原谅的。波普尔强调说，萨哈罗夫制造氢弹和爱因斯坦当时发表签名信支持美国使用原子弹是不一样的，因为当时爱因斯坦认为德国已经拥有了同样的武器。萨哈罗夫不同，他是赫鲁晓夫要铲除资本主义的自觉工具。波普尔说，从中可以看出，像萨哈罗夫这样卓越的知识分子，都被蒙蔽得不辨东西。

波普尔对戈尔巴乔夫也作了评价，他认为戈尔巴乔夫是真正了解苏联现状的苏联领袖。波普尔说："他知道要彻底改变苏联政治的基本假设，不再把铲除资本主义或是美国作为他们唯一的使命。戈尔巴乔夫访问过美国好几次，看清了那里的真相；他发现自由世界的人民对苏联并没有侵略的意图，反而希望苏联早日回到现实来。戈尔巴乔夫说过一句很重要的话：'我希望苏联人民能是正常的百姓。'"

但尽管如此，波普尔对戈尔巴乔夫再没有更高的评价，还批评他的新思维"空洞无物"。波普尔说，戈尔巴乔夫是个好心人，但却没有理念，没有计划。至于叶利钦，"除了他的自恋之外，就是想要报复戈尔巴乔夫"。

对于苏联的失败，波普尔指出，不能指望自上而下地建立一个自由市场经济。首先应该建立一个法制，对于苏联这样的国家，尤其需要。波普尔说，戈尔巴乔夫做了一件很荒诞的事情，那就是在莫斯科搞了一个股票交易市场。他认为，这根本不是苏联应该干的事情。应该干的是建立法治。像苏联这样的国家，法官不过是独裁政府的御用工具，没有人认为会有公平的审判原则，这是不可能产生真正的市场经济的。波普尔说："连拿破仑都知道，要建立一个自由市场社会，得先制订一部法典。"

波普尔指出，即便是西方社会，仍然还在为建立法治而持续奋斗，在苏联，这更应该是当务之急。苏联却完全相反，他们不断引进各种新的经济制度，但经济制度却不是自上而下开展建立的。波普尔告诫说："你想想，在没有法治体系的情况下，建立所谓的资本主义，到头来，贪污、抢劫一定免不了，跟一个没有法治体系的社会相比，或多或少的国家干预根本算不了什么。……缺乏法治体系，只会导致混乱：这是我最主要的看法。"而苏联人民"沉浸在马克思主义当中，无法自拔，对于这么重要的问题视而不见；他们一直觉得经济就是一切，他们根本没有想到法治，因为马克思认为，所谓的法律只是一种伪装，掩饰抢劫的本质，但这个观点是错误的"。

开放社会与世界未来

波普尔对冷战结束之后世界人民面临的主要问题进行了总结。他认为，首先是要保证世界和平，其次是防止人口爆炸，第三是促进教育。

1991 年的世界局势动荡不安，最危险的情势大概是苏联解体之后大量核弹头的去向将成为威胁世界安全的重要因素。波普尔对此也多次表达了他的忧虑。他建议，国际社会通力合作，将苏联遗留的核弹头一起买下，以防流入黑市，危及人类安全。他说："我们再也不能在意识形态的死胡同里打转了。"

人口的问题也是 20 世纪几大全球性问题之一。随着科学技术发展和生产力的进步，人类有能力养活越来越多的人口，但这也给地球增加了很大的负担，增加了很多不安全的因素（如因资源缺乏导致的战争）。波普尔主要是从环境方面考虑这个问题的。因为人口膨胀首先会危及环境，造成环境的恶化。对这个问题，波普尔也希望各国政府能携手合作，共同解决这个世界性问题。但最近二十年的情况肯定让波普尔失望了。人口继续高速增长。波普尔接受采访时的 1991 年，世界人口是 51 亿，而到 1999 年，就达到了 60 亿。2011 年，世界人口已达 69 亿之多。另据预计，2050 年将达到 94 亿之多，其中大部分增长的人口集中在非洲和亚洲。波普尔有理由为快速增长的人口担忧：不仅环境将面临更大压力，资源危机引发的战争将成为另外一个危及人类和平安全的重大因素。

波普尔看到，由于媒体力量的日益强大，孩子们受到的影响也越来越大，因此有必要对其进行审查，以防止过多的暴力和色情宣传对后代产生恶劣影响。实际上，这一力量一度成为反自由主义者手中的主要武器。

作为一个自由主义者，波普尔竟然支持媒体检查制度，这反映了大众媒体道德文化的沉沦。我们的确需要自由，但正如波普尔所说，自由来自责任，如果我们随意地传播色情和暴力，将会使我们这个世界更加野蛮，更加糟糕，这显然是不负责任的行为。波普尔指出，从来没有绝对的自由，人类如果继续放任下去，将会过着"谋杀等于家常便饭的日子"。

电视自从发明之后，很快进入世界各个国家的千家万户，极大地丰富了人民的生活，同时也为人民了解世界各地的文化风情提供了途径。波普尔似乎没有注意到电视的这一功能，因此对电视的出现和普及表达了忧虑，甚至提议对媒体进行审查。尽管他的出发点是善良的，但这一事实表明他已经无法接受这些新兴的事物了。如今互联网已经在一定范围内取代了电视，深刻影响和改变了年轻人乃至儿童的生活，相信波普尔在天有知，仍然会警告我们，注意保护我们的儿童，让他们免受暴力和色情的毒害。波普尔说："我只要求法律保护我们的孩子，他们是我们最重要的资产。"

波普尔是自由的最坚决、最持久的捍卫者，但他认识到，在道德教育方面，和在市场经济方面一样，都需要一定的干预，不能放任。波普尔指出："自由是很重要的，但是同所有事物一样，市场也不可能完全自由。完全的自由是很荒谬的。让我们按照康德的观点来看这个事情。我们需要的是个人自由与他人自由能并存的社会。我的自由跟你的自由之所以能并存不悖，是因为我们不用暴力解决纷争。我给你一拳，你也不能踢我一脚。这就是说：我们认为我们的自由是有限制的。如果不明白这个道理，我们就需要制裁暴力、制裁谋杀的法律。如果大家根本没想到用暴力，我们就不需要法律。只要有人有坏心思，我们就需要某种干预。"

波普尔希望我们的世界不要再在意识形态的旋涡中打斗，要超越左派、右派之类的概念，用他提出的"社会工程"去思考和解决我们的社会遇到的各个具体问题。波普尔还希望，在国家的政治生活中，大家能超越党派之见，坐在一起讨论处理解决问题。他说："在国会中，所有人都是先依靠政党，然后才会想到他们代表的人民。如果有可能的话，我们应该回到这种国家模式：国会成员跟你说，我是你的代表，我不属于任何党派。我们国家以前是这个样子，现在还是有些国家保留这样的政治现实。"波普尔的这种愿望当然是政治生活的最合理的模式，但现实的政治生活，毕竟受到各种利益争夺、冲突的影响，让政治活动超越党派利益还是很难做到的。

波普尔再次重申了对历史主义进行批判的重要性。历史主义者认为，历史是一条长河，通过研究过去，就可以知道这条河将流到哪里，就可以预见未来。波普尔说，历史主义者的这种想法在道德上是不正确的。他认为，研究历史是可以的，但河流之类的名词只是隐喻，不能以为可以沿着这条河流"顺流而下"，"我们只能放眼现在，试着改善眼下的局势"。波普尔讲了一大段关于预测未来的话，很有启发意义，摘引如下：

每个人都想领先时代，但在现实里，却没有人可以预知未来。就拿马克思做例子好了，像我使用的电动刮须刀，他就无从想象。他一直认为所有的机器都会由蒸汽机推动，规模只会越来越大。但是，一路演进过来，机械却是越来越小，设计也越来越个人化。……个人服务，这是空前绝后的重大革命。……然后福特发动了另外一波革命，汽车不再是百万富翁的专利，普通工人也买得起。这也是重大革命，先前没有任何人预见到这样的发展。马克思当然也不例外。

　　波普尔指出，就连艺术也因为受到历史主义的影响而在走下坡路。他说，为什么现在出不了米开朗琪罗这样的大师，主要是因为大家都想着怎么样代表未来发展方向，成为未来的领袖，而不愿把心思花在现实问题上，花在作品的品质上，这都是受到假先知、坏哲学的误导所致。

　　波普尔也是民主的捍卫者，在他的眼里，民主和自由一样，都是开放社会最基本的要素。但是，关于民主的理念与制度，人们存在很多迷惑。为此，波普尔指出，不能从字面上来理解这个词的含义。他说："如果从'民主'这个词回到古希腊的字面意义——'人民的统治'来观察，很容易混淆本质性的问题。民主的重点其实就是避免独裁，或者换个说法，避免不自由。避免某种统治模式不是法治。"古希腊人就知道民主并不指人民统治，而不过是避免暴政的一种方式。他们实行流放制度长达八十多年，就是为了避免暴君或独裁者利用群众掌权。这种人擅长炮制民意，鼓动人民，夺取政权。波普尔指出，民主是一种避免集权暴政的手段，如此而已。

　　波普尔特意强调说，不能认为民主就是多数人的统治，或者多数人就是对的，因为"大多数表决"还是可能犯下最为严重的错误，可能会引发专制。他举例说，希特勒就在奥地利席卷了90%以上的选票。

1992年发生的波斯尼亚战争让90岁高龄的波普尔极为失望。南斯拉夫开始解体时，波斯尼亚黑塞哥维那亦在1992年宣告独立。独立当时约有430万人口，33%为塞尔维亚人，但另外17%的克罗地亚人及44%的波斯尼亚人想要和塞尔维亚人分离，因此从同年4月开始了残酷的战争，导致了大量平民和士兵的伤亡，在波普尔于1993年再次接受博塞蒂采访时，战争仍然在进行之中。波普尔说："波斯尼亚的悲剧证明了我们西方的失败、胆怯与盲目，显示我们没有学到这个世纪给我们的教训：如何避免战争。"

这位91岁的老人呼吁世界各方介入，以尽快停息毫无意义的牺牲。他说："必须以战止战。"他指出二战前夕英国首相张伯伦采取的姑息纳粹德国的政策是错误的，最终酿成了大祸。因此，对波斯尼亚战争，波普尔呼吁联合国及早干预。

通过波斯尼亚战争，这位91岁的老人敏锐地觉察出，尽管冷战和意识形态对立带给人类的威胁已经消除，但新的威胁已经来到，那就是民族主义。波普尔说："共产主义被荒谬的民族主义取代。我说荒谬，是因为现在相互冲突的几个种族，其实都是斯拉夫人。塞尔维亚人是斯拉夫人，克罗地亚人是斯拉夫人，波斯尼亚人也是斯拉夫人，只是后来改信伊斯兰教。可怕的是，我们西方人把头埋在洞里，坐视大屠杀、谋杀以及各种邪恶的行径在这两年发生。"

应该说，在这个问题上，波普尔表现出了惊人的敏锐。他最早觉察到，冷战消退之后，民族主义取代了意识形态，成为威胁世界和平的主要因素。几乎与此同时，美国哈佛大学的政治学家亨廷顿在《外交》杂志上发表了《文明冲突?》这一著名的论文，提出了相类似的观点。

波普尔论电视

作为哲学家的波普尔，即便到了90多岁，仍然保持着敏锐的思维和坚决的批判态度。这一点也表现在他对电视的态度上。

博塞蒂对波普尔说，教皇保罗二世专门针对电视带来的问题发表了谈话，认为"电视的问题只有靠控制与自我控制来解决"，与他的观点很有些相似。波普尔再次明确了自己的观点，认为电视已经变成了一股无法遏制的力量，甚至从政治的观点来看也是如此。他提出，这与"所有权力都该有所节制"的原则背道而驰。他希望，最好的办法是电视工作相关人员能够自制，否则就要讨论是不是应该进行干预了。

波普尔的提议受到了一些国家政府的重视，如德国，在波普尔访问之后，就开始了对电视节目的控制，利用国会的政治力量，对电视节目进行规范与节制，以保护孩子不要受到暴力等内容的影响。电视，与波斯尼亚局势一起，成为91岁高龄的波普尔高度忧虑的两大问题。博塞蒂将他关于电视的访谈发表之后，在整个欧洲社会引起了巨大反响，包括教皇也十分重视这件事情。

不过，波普尔把世界的腐坏都归因于电视的影响，显然还是过于简单和草率了些。尽管如此，在波普尔看来，我们现今生活的这个世界还是相当美好、值得珍惜的世界。他说："我从来没说过，在所有可能性中，我们现在这个世界就是最美好的世界。我的说法是：尽管经过几次大战，我们现在的这个世界，还算是有史以来最好的世界。"

博塞蒂告诉波普尔，他的关于电视的观点发表之后，引起了很多质疑和反对，这位老人不为所动。他说："这些反对的话是什么意思呢？这些东西不是都有节制的吗？交通规则不是规定得一清二楚吗？如果没有交通规则，车子在高速公路上会有多危险啊！……请代我向大家解释，我认为的节制跟自我节制就像是道路上的交通规则。开车要驾照，对吧？如果你危险驾驶，驾照就会被吊销，对吧？我们要用同样的办法节制电视。"

对于电视，波普尔再次强调说："我要回到我先前的论点，电视对人心有极大的影响，这是一种前所未见的力量。如果我们不约束它的影响力，它会带我们冲下文明的斜坡。"

从这件事情上也可以看出波普尔的敏锐判断和认真批判的精神。从现实来说，波普尔关于电视的很多观点，如今可以用来讨论网络问题。毕竟，网络正在取代电视，成为影响最大的传媒手段。应不应该控制网络？如何控制网络？如何在媒体自由和政府控制之间达到合适的平衡？如何保护我们的孩子不受网上各种黄色、暴力信息的影响，等等问题，应该得到全社会的重视以及认真、公开的讨论。起码，我们应该认真对待这位老人的警示，认真对待电视、网络等媒体的影响，避免我们的文明被"带下斜坡"。

"民主不是全民统治"以及自由的界限

波普尔关于民主、自由乃至开放社会的讨论都与他对希腊历史的精深研究是分不开的。他在一次演讲中指出，希腊民主制犯下了很多严重的错误，这些错误不仅包括战术、战略上的错误，还包括一些道德上的错误。他举例说，提洛岛的人民对雅典没有明显的挑衅，但却遭到雅典人灭绝人性的屠岛。苏格拉底，这位伟大、善良的思想家，受到了不公正的审判，并被处死。波普尔说，这些都是多数人的共同决定，是民主的结果，"雅典人类似的恶行多得不胜枚举"。

因此，民主政治自身有着严重的问题。其中最基本的一个问题，就是民主被等同于"人民当家做主"，把民主等同于多数人的统治。波普尔说，从柏拉图开始，人们就开始追问这个问题，"谁应当统治？"很多思想家进行了不懈的探索，直到20世纪的今天。柏拉图说应当是聪明者统治，马克思说应当是"无产阶级专政"，希特勒说应该是他统治。在波普尔看来，"谁应当统治"是个假问题，只会导致欺瞒，更糟的是，这样问问题的方法只会让大家把注意力集中在"权力"之上，忽略了约束权力的重要性。波普尔认为，我们应当问的问题是：在道德上，我们最应该谴责哪一种政府？或者：哪种政府形式最能让我们摆脱政府中的邪恶、无能与损害？

波普尔说："每一个人都有尽一切可能防止罪行发生的道德责任。这也许是我们支持民主国家的缘故，也只有这个理由让民主在道德上站得住脚。民主，不是多数人的统治，而是一种让大家不受独裁控制的制度。……应该争论的问题不是'谁'应该统治，而是某一种政府该'如何'统治。"

波普尔把他关于民主的思想总结为一句极为经典的话，他说："我的观点是这样的：不管哪一种统治形式，最重要的是能够允许政府以不流血的方式更换——随后，新政府还要有能接管统治的权力。"这个观点早在他的《开放社会及其敌人》

中就已经提出。直到晚年，波普尔仍然坚持这个看法。

他喜欢引用伯里克利的讲话来佐证自己关于民主的理解。伯里克利说："在我们这群人中，可能只有几个人有能力制定政策，具体实行，但是，我们所有人都要有评判的权力。"波普尔认为，伯里克利的这段话言中了民主的本质。也就是说，民主不是全民统治，而是全民评判。统治还是少数人的事情，但应该向大众公开，寻求讨论和评判。

关于自由，波普尔也发表了他一贯的观点。他说，每个人都有捍卫自由的责任，包括言论自由、出版自由，等等。同时，也应该注意自由过度泛滥的可能性。他说，实际上，自由经常被滥用，因此我们要像防止国家权力滥用危及自由一样，防止自由被滥用。波普尔说他同意康德的观点，即我们不需要一个全能的国家，就算它是好心好意要抵抗同胞中的虎狼之辈，保护大家的生活也不行，国家的职责应该是保护我们的权利。很多事情，应该诉诸法治，而不是国家。

关于国家和自由之间的关系，波普尔不断进行着思考。他很赞同康德关于国家和自由的看法，即没有任何人可以假借众人福祉之名强迫个人觉得幸福。这是个人的尊严，神圣不能侵犯。波普尔像康德一样，拒绝父权主义的国家概念，希望建立一个尽可能狭小的国家，也就是迷你型国家，不是父权的、独裁的或官僚的国家。波普尔说，这样的国家实际上就是建立在法治基础上的国家，一方面保护人权，另一方面尽可能少地限制和干涉个人自由。不过，波普尔指出，完全避免父权主义特点也不是很现实，毕竟国家需要发挥一些基本功能，如捍卫公民的权力与自由本身就带有父权的意味；另外，保卫国家不受外来侵犯，这更是明显的父权功能。

波普尔对西方的民主进行了评价。他说，西方民主特别是美国的民主取得了空前的成功，结果是人民生活更自由、更愉悦，享有了更长的寿命，但是仍然有很多事情有待解决。一个就是他一直思考的问题，即民主与多数人独裁之间还没划出适当的界线。总的来说，现在的西方世界是很美好的世界，但似乎充满了抱怨。波普尔认为，这是造谣的结果。"散布这种谣言是我们这个时代最邪恶的暴行，因为它剥夺了青年人希望与乐观的权力。有的时候，还会把他们带到自杀、滥用药物与恐怖主义的道路上。"他希望媒体不要再帮倒忙，承担起自己的责任，要看真相，说真话。

波普尔的思想清晰、深刻而乐观，一方面，他提醒我们不要自满，我们都会犯错误，要具有自我批判的精神；另一方面，他热爱生活，热爱这个世界，提醒人们珍惜。

波普尔对生活、对世界的热爱，是他留给我们的另外一笔遗产。1976 年 7 月 1 日，波普尔在德国《世界报》上发表了一篇文章。他写道："一名参加第一次登月活动的太空人，在回到地球之后曾说过一句简单而又充满睿智的话：'在我一生中，我总算看到了另外一些星球，不过地球却是最好的一个。'我认为这句话不但闪烁着智慧，而且闪烁着哲学的光芒。我们不知道，我们为什么会生活在这样一个小小的星球上面，为什么在这里会有生命。生命把我们的星球点缀得多美啊！对此，我们唯有怀着一种惊喜交加之情。这就是说，地球的美好在于生命的美好，而生命的美好在于理性批判力量的美好。至于为什么我们会具有如此美妙的能力，这是一个永恒的谜，一个值得为之惊奇而又无法解开的谜。"

这段话，值得每个人深思。

第 5 章

波普尔的影响

波普尔思想的影响

在 20 世纪哲学发展中，科学哲学运动是影响最大的哲学运动之一，而波普尔又是这一运动中的主要人物。甚至可以说，正是波普尔使得科学哲学发展成一门富有生命力的、独立的哲学学科。波普尔以他清晰的语言、严密的逻辑、批判的精神，获得了广泛的影响力。

就科学哲学来说，他的《科学发现的逻辑》《猜想与反驳》是 20 世纪最重要的科学哲学著作。20 世纪末，在北美举行的一次调查中，波普尔的《科学发现的逻辑》被公认为 20 世纪全部哲学著作中最重要的十部著作之一。他在伦敦经济学院创立了哲学、逻辑与科学方法论系，通过教学、讨论，建立了 20 世纪哲学史上影响最大的几个学派中的一个——波普尔学派。他的几位学生，如拉卡托斯、费耶阿本德，是下一代科学哲学家中的两位代表人物，分别继承并发展了波普尔的基本思想。

此外，托马斯·库恩也深受波普尔的影响，他曾长期参加波普尔的科学哲学讨论班。美国著名哲学家普特南称："卡尔·波普尔爵士是这样一位哲学家，他的著作实际上影响和激励着每一个在科学哲学领域内从事研究的人。"科学哲学家拉卡托斯说："波普尔的思想代表了 20 世纪哲学最重要的发展。"

波普尔对科学自身的发展也产生了一定的影响。有一批杰出的科学家都公开声言波普尔对其科学研究活动的影响。如生物学家、诺贝尔医学奖得主皮特·米达沃爵士在 1972 年 7 月 28 日英国广播电台（BBC）声称："我认为波普尔是迄今为止无与伦比的最伟大的科学哲学家。"还有几位诺贝尔科学奖得主也都公开承认波普尔对他们的影响，如雅克·莫纳德、约翰·埃克尔斯等。埃克尔斯曾在他的《面对现实》一书中写道："我的科学生涯在很大程度上归功于我在 1945 年的转变，如果我能这样说的话，归功于波普尔关于科学研究方法的教诲……我曾尽力按照波普尔的方法来阐述和研究神经生物学的基本问题。"埃克尔斯向其他科学家建议，去"阅读和深刻领会波普尔关于科学哲学的著述，并把它们作为科学生活的行为基础"。著名物理学家赫尔曼·邦迪也曾说："对于科学来说，没有比方法更重要的了；对于科学方法来说，没有比波普尔所说的方法更重要的了。"法国生物学家莫纳德提出了"批判的认识论"，认为客观知识是真理的唯一可靠形式。他说："在这些方面，我发现自己与波普尔完全一致，并为此而感到自豪。"

有学者通过统计在 SCI（自然科学论文索引）以及 EI（工程学论文引文索引）收录杂志中波普尔的被引用率来考察波普尔对自然科学研究的具体影响，他发现从 20 世纪 50 年代至 20 世纪末的半个世纪的时间里，波普尔被引用最高的一年达 2700

多次，最低的一年也有 500 多次。

此外，波普尔对 20 世纪政治哲学产生了重大影响，他的《历史主义的贫困》《开放社会及其敌人》被认为是这个世纪中为数不多的政治哲学经典。他对历史主义决定论和封闭社会的批判，对自由、民主和开放社会的捍卫，使他成为 20 世纪自由主义的一个主要代表人物，成为著名的民主保卫者，成为"开放社会之父"。

在其他领域，波普尔也产生了广泛影响。在《艺术与幻想》的序言中，著名艺术史家、艺术批评家恩斯特·冈布里奇爵士写道："如果读者能够感到波普尔教授的影响在本书中贯穿始终的话，我将引以为荣。"另外，据英国哲学家马奇说，英国两个政党中主张进步的阁员，如安东尼·克罗斯兰和爱德华·波伊尔爵士，他们的政治见解也受到波普尔的深刻影响。此外，英国前首相、曾有"铁娘子"之称的撒切尔夫人把波普尔（以及哈耶克）视为自己的思想导师，并把波普尔推荐给美国总统里根。

波普尔与著名经济学家、思想家弗里德里希·哈耶克之间也有深刻的相互影响，他们都在对方的著作中发现了和自己有共鸣的观点。波普尔曾在致哈耶克的信中说："我认为我从哈耶克教授身上学到的比其他任何人的都多，也许除了阿尔弗雷德·塔茨基。"他把自己第二部重要科学哲学著作《猜想与反驳》（1963）题献给哈耶克；哈耶克则把自己的著作《哲学、政治学与经济学研究》（1982）题献给波普尔，称"自从波普尔的《研究的逻辑》于 1934 年出版之后，我就彻底成了他的方法的拥护者。"

波普尔的影响还远远超出哲学和政治之外，因为他的著作语言简洁、清晰，所以在专业之外拥有不计其数的读者和拥护者。在波普尔的学生中，还有一些杰出的人物，最有名的也许是金融大亨、亿万富翁乔治·索罗斯（George Soros）。他曾到伦敦经济学院听波普尔的讲座，并将波普尔的思想方法运用到金融领域，获得了巨大的成功。他尤其拥护老师的"开放社会"理念，并投资建立"开放社会研究所"，提供研究资金，支持那些根据波普尔的开放社会理念来保护开放社会、反对权威主义和极权主义的各种研究。

加拿大化学家约翰·布朗如此评价波普尔的《科学发现的逻辑》："（波普尔认为）科学的本质是科学家提出关于世界是如何运作的陈述，然后检验它们。一个科学家应该总是试图去想办法证明他或她自己是错的。如果预言被检验为错的话，那么假说就一定是错的。这是知识的基础。我们所拥有的最好理论不过是我们的'工作模型'，我们永远不能证明它们。它们不过是我们现在最好的工作模型。我并不觉得波普尔的观点让人沮丧。……我相信很多科学家都基本同意波普尔的观点，即自然规律永远不能被证实。波普尔对科学理论提出的要求不过是，在原则上，它能够被经验证明是错的。这是我读过的最重要的、最有趣的一本书。"一位读者说："波普尔也许是唯一能够实际影响科学家思考其科学工作的哲学家，其他人试图提出更稳妥的理论，但最终不过是一堆糨糊。"

今日，波普尔的思想仍然发挥着有力的影响。他的著作仍然被不断阅读，并启发着一代又一代的各个领域、不同背景的读者。在全球最大的图书销售网站亚马逊上，键入"Karl Popper"，竟有 3754 个结果，也就是现在正在销售着 3754 部与波普尔有关的著作。相信随着时间的流逝，波普尔离我们越来越远，但他的思想会为更多的人所了解和研究。

对波普尔的批评

当然，也有很多人对波普尔的思想提出了各种各样的批评。实际上，1934年他的《研究的逻辑》发表之后，不仅影响了维也纳学派，对当时的整个哲学界都产生了很大影响，同时也引来了很多的批评。在1974年出版的希尔普主编的《在世哲学家文库》之《卡尔·波普尔的哲学》中，集中了当代哲学家对波普尔各种观点的批评，包括他对归纳问题的处理、可证伪性标准、逼真度概念，等等。

不过，最引人注目的批评来自早期维也纳学派，当波普尔的著作出版之后，卡尔纳普和纽拉特等维也纳学派的成员就发表了评论。卡尔纳普认为波普尔的观点和维也纳学派的很多观点是一致的，但纽拉特则径直把波普尔称为"维也纳学派的官方反对者"，并宣称他看不出波普尔有什么理由来坚持把证伪作为划界的标准。莱辛巴赫说，尽管归纳确实存在着问题，很难证明，但如果否定了科学的归纳基础，那科学发现就成了占卜。

后来，随着托马斯·库恩科学哲学的崛起，人们逐渐把波普尔看成是从逻辑经验主义向新科学哲学的过渡。库恩批评波普尔的理论把科学活动变成了革命的堆积，但实际上，科学实际并非如波普尔所言。在科学革命之后，科学家们就会在某种范式的指导下进行常规的解题活动，而不是证伪。

波普尔的最著名的几个学生也都对波普尔的理论提出了批评。其中最有名的是拉卡托斯。他认为波普尔的可证伪性标准过于简单化了，在现实中根本不可能区分科学和伪科学，他把波普尔的可证伪性标准称为"朴素的证伪主义"。拉卡托斯说，如果严格遵守波普尔的可证伪性标准，很多新兴的理论将没有成长和发展的可能性。拉卡托斯提出了科学研究纲领的概念，丰富、补充并完善了波普尔的方法，被称为是"精致的证伪主义"。

波普尔的另外一个著名学生保罗·费耶阿本德，沿着波普尔开辟的方向走得更远，并反过来指责波普尔的某些观念过于保守和教条。他指出，科学根本没有任何精确的方法，他公开宣称"反对方法"，"告别理性"，提倡"怎么都行"的方法论、无政府主义，大大不同于他老师的批判理性主义。

如今，新一代的科学哲学家中间，仍然有不少人进行着波普尔哲学的争论，如乔纳逊、爱柯尔曼、格伦鲍姆，还有不少维特根斯坦的当代追随者根据后期维特根斯坦的思想来批判波普尔的理论。可以说，波普尔的遗产至今仍然影响着科学哲学运动的发展，即便是那些批判他理论的人，也都无法估量他们从波普尔那里受到了多大的影响。

在政治学领域，波普尔招致了更多更严厉的批评，其中很多批评并不是建立在对波普尔的认真研究的基础上的。有学者指出，个中原因在于波普尔提出其政治哲学理论的方式。在《开放社会及其敌人》中，波普尔通过对历史上伟大思想家进行严苛批判而提出自己的理论，如柏拉图、亚里士多德、马克思等，这使得一些人难以接受。但是，他们对波普尔的批评，往往只针对波普尔对柏拉图、亚里士多德、马克思等人的解读和批判，对波普尔本人的观点，则几乎鲜有触及。

在欧洲左派势力比较强势的时候，由于波普尔对马克思的批判态度使得他的《开放社会及其敌人》很难获得进一步的影响力。如左翼的法兰克福学派就指责波普尔是一个保守主义者，一个"实证主义者"，为现存秩序进行辩护。在20世纪60年代，波普尔曾一度与法兰克福学派发生争论。

总之，尽管波普尔在公共领域享受着崇高的威望和尊敬，但在哲学、社会学及政治哲学领域，对他的批评一直不绝于耳。有人说，其重要原因在于波普尔的性格特点。正如我们在介绍他的生平时所看到的，即便是和他的学生，他都很难保持长时间的良好关系，在学生们及很多人眼中，他是一个很难相处的人。他的学生保罗·费耶阿本德在自传中甚至用一些激烈、不雅的词句来发泄他对老师的怨恨。

波普尔除了对柏拉图和亚里士多德、黑格尔等历史上的哲学家进行批判之外，对同代哲学家也给予了尖锐的评论。对同时代的哲学家同行，他几乎都瞧不起（除了罗素）。他批评维特根斯坦及其信徒，批判维也纳学派，直言他们的哲学毫无意义，将陷入"咬文嚼字"的死胡同，堕落为烦琐哲学。他评论胡塞尔、舍勒及其门徒海德格尔的现象学不过是黑格尔本质主义的翻版，如此等等。逻辑经验主义和现象学是 20 世纪两大哲学运动，不但影响广泛，而且有着大量的门徒，占领着大多数大学的哲学讲席。波普尔对其学派的尖锐批判，势必招致很多的反对和厌恶，因此各种尖锐的批评此起彼伏，也就很容易理解了。

波普尔与中国

中国人最早从 20 世纪 80 年代初开始知道波普尔。随着"文化大革命"的结束和改革开放的开始，我国文化界和思想界掀起了了解和研究西方文化和思想的热潮，波普尔的著作和思想也就随之开始在中国传播。

最早介绍波普尔思想的是刘放桐主编的《现代西方哲学》一书。该书于 1981 年出版，书中科学哲学一章中有一节介绍波普尔的证伪思想。1982 年，南京大学哲学系教授夏基松编写了《波普尔哲学述评》一书，是国内最早系统介绍波普尔思想的专著，在当时学界产生了重要影响。随后，1983 年，夏基松主编的《现代西方哲学》出版，书中详细介绍了卡尔·波普尔的批判理性主义，产生了更广泛的影响。台湾于 1982 年出版了朱浤源介绍波普尔政治哲学的著作《开放社会的先驱：卡尔·巴伯》，由允晨文化实业公司出版。

在刘放桐、夏基松等引介波普尔的哲学之后，我国开始陆续翻译出版波普尔的著作。《无尽的探索：思想自传》，由福建人民出版社于 1984 年翻译出版。这是波普尔本人的自传，回顾了他人生和思想发展的历程。这本自传之后出版了不同的几个译本，如上海译文出版社 1988 年译本，江苏人民出版社 2000 年译本。

1986 年之后，波普尔著作的翻译出版进入一个高峰。首先，科学出版社于 1986 年翻译出版了《科学发现的逻辑》，同年，上海译文出版社翻译出版了《猜想与反驳》。1987 年，上海译文出版社又出版了《客观知识：一个进化论的研究》，三联书店则翻译出版了波普尔的选集《科学知识进化论：波普尔科学哲学选集》。

几乎同时，波普尔的政治哲学著作也开始翻译出版。1987年，两家出版社出版了《历史主义的贫困》，一家是社会科学文献出版社，另一家是华夏出版社（《历史决定论的贫困》）。1992 年，《开放社会及其敌人》第一卷由山西高校联合出版社翻译出版。1998 年，中国社会科学出版社出版《历史主义贫困论》，又于 1999 年出版了《开放社会及其敌人》（第一和第二卷）。2000 年，大陆和台湾各自出版了《二十世纪的教训：波普尔访谈录》（广西师范大学出版社和猫头鹰出版社）。

2000 年前后，中国美术学院出版社陆续翻译再版了波普尔的系列著作，其中包括《通过知识获得解放》（1996）、《开放的宇宙》（1999）、《走向进化的认识论》（2000），还有《科学发现的逻辑》（2008）、《猜想与反驳》（2003）、《实在论与科学的目标》（2008）等。

无论是科学哲学，还是政治哲学，波普尔都对中国学术界产生过广泛的影响。他对教条主义的批判态度，无疑是中国思想界经过多年的封闭和僵化之后最需要、最及时的教条主义解毒剂。关于波普尔哲学传入中国的背景，纪树立先生曾有详细的分析，他在为自己主编的《科学知识进化论：波普尔科学哲学选集》一书写的长篇序言中写道：

"当这一页历史篇章翻过去以后，种种魔法被解除了，教条的'体系'被炸开了。眼障一旦除去，整个世界突然明亮起来。在科学领域中，那两个曾使我们备受折磨的'中心'也似乎一下子消失了。我们面临一个新的问题，'怎样认识科学本身'。科学的内在规律性以及（怎样）发展我国的科学事业呢？这个如此简单的问题，在这段漫长的历史中我们似乎都忘记了，甚至根本就没有提过。我们似乎总是停留在科学的门外，在它周围转弯抹角，绕来绕去，竟然没有想到直截了当地提出科学本身的问题。我们已经能够把目光凝聚到科学本体上，不再为它周围的奇光异彩分散注意。……正是在这个历史关节点上，波普尔带着他所特有的色彩出现了。究竟是什么东西居然能跨过三十年的时间间隔和万里之遥的空间距离而首先吸引了刚刚获得思想解放的中国读者的目光呢？……更重要的是，这种科学哲学提出了并试着回答我们最关注的问题——当时的历史反思的中心。毋宁说，这是历史的选择，我们无法回避波普尔提出的问题，也无法回避他的答案。"

如今，波普尔引入中国已经三十多年了，随着时间的流逝，波普尔似乎正逐渐被学术界淡忘。学者们都纷纷到西方去寻求更新的、更时髦的理论，对波普尔则几乎没什么兴趣了。我们检索一下近年来出版的著作和发表的论文，鲜有关于波普尔的著述。也许是没有时间或者不愿意花时间再去细细咀嚼波普尔的思想及其为世人提出的警示？也许是因为我们的思想已经解放，从而不再需要波普尔来给我们启蒙？原因到底是什么，留待人们去思考吧。

不过，在这本小书的最后，笔者希望以波普尔为《波普尔科学哲学选集》所写序言里的一段话作为结束。我相信，这段话，至今仍然值得我们每一个中国人认真体会。波普尔说：

我从未到过中国：最接近中国的是我在香港大学当了几年主考并在 1936 年到那里访问了几个星期。当我在伦敦教书的时候，在美国教书的时候，我都有过几个很好的中国学生。这个经历使我还不足以判断下面的事情是不是真的：中国流行的生活态度都认为犯错误是丢面子的。如果这是真的，根据我对科学的看法就要求他们改变这种态度，甚至应当代之以另一种相反的态度。如果有人发现你坚持一种错误的看法，你应当对此表示感谢；对于批评你的错误想法的人，你也应当表示感谢，因为这会使我们改正错误，从而更接近真理。我说过，我无法判断那种认为犯错误就丢了面子的态度是否真是中国人的性格，但我确实碰到很多欧洲人和美国人都采取这种态度，而这种态度，如我所说，是同科学态度不相容的。

理论批判并不是针对个人的，它不去批判坚持某一理论的个人，它只批判理论本身。我们必须尊重个人以及由个人所创造的观念，即使这些观念错了。如果不去创造观念——新的甚至革命性的观念，我们就会永远一事无成。但是既然人们创造并阐明了这种观念，我们就有责任批判地对待它们。

附 录

年 谱

1902 年　卡尔·莱蒙德·波普尔于 7 月 28 日出生于维也纳。

1914 年　与社会主义第一次接触。

1917 年　久病，对学校教育不满。

1918 年　离开中学，到大学旁听，没有参加入学考试。

1919 年　关键的一年。参加了社会主义学校学生协会，几个月之后退出。对阿德勒个体心理学和弗洛伊德精神分析表示不满。学习爱因斯坦相对论。

1920 年　离开家，住到学生公寓，做工自立。

1922 年　通过维也纳大学入学考试。做木工学徒。

1924 年　放弃做木工学徒。

1925 年　获得初级中学教书文凭。做照顾遗弃儿童的义工。在维也纳新成立的教学法研究所注册，成为一名学生。遇到他未来的妻子。

1928 年　提交博士论文并通过，获得哲学博士学位。

1929 年　获得在初级中学教数学和物理的资格。

1930 年　在初级中学教书。与约瑟芬·安妮·汉宁格尔结婚。结识维也纳学派成员费格尔，费格尔鼓励他将自己的观点著书发表。

1932 年　完成《知识理论的两个基本问题》。与卡尔纳普和费格尔一起讨论。

1934 年　将《知识理论的两个基本问题》删减、修订，出版为《研究的逻辑》。第一次在布拉格结识塔茨基。

1935 年　英国讲学。

1936 年　英国讲学。

1937 年　接受新西兰坎特伯雷大学的哲学讲师职位，与妻子移民新西兰。

1938 年　开始写作政治哲学著作。

1943 年　完成《开放社会及其敌人》。

1944 年　发表《历史主义的贫困》。

1945 年　发表《开放社会及其敌人》。伦敦大学为他提供一个高级讲师
　　　　职位。

1946 年　回到欧洲，任教于英国伦敦大学，任伦敦经济学院哲学、逻辑与
　　　　科学方法论系主任。到剑桥演讲，并与维特根斯坦争论、冲突。与薛
　　　　定谔多次会面。

1949 年　被任命为伦敦大学哲学、逻辑与科学方法论教授。

1950 年　搬至伦敦郊区。应邀访问美国，第一次与爱因斯坦会面。

1951 年　开始写作《附记：二十年之后》，将他的哲学观点进行了概括。
　　　　在剑桥大学做"科学哲学：个人报告"的演讲。

1958 年　到维也纳做眼部手术。

1959 年　《科学发现的逻辑》出版。

1961 年　与法兰克福学派就社会科学方法发生争论。

1962 年　出版《猜想与反驳》。

1965 年　被英国皇室封为爵士。

1967 年　在荷兰阿姆斯特丹演讲，题为"没有主体的认识论"，第一次提
　　　　出世界3理论。

1969 年　从伦敦大学退休，但继续从事著述。

1971 年　巴伐利亚广播播放波普尔与马尔库塞之间的长距离争论，后来发
　　　　表为《革命还是改革》。

1972 年　发表《客观知识》，发展他的三个世界理论，即客观精神理论。

1974 年　《卡尔·波普尔的哲学》二卷（《在世哲学家文库》）出版，其
　　　　中包括他的《思想自述》（后来出版为《无尽的探索》）及对批评的

回答。

1977 年　与约翰·埃克尔斯合著出版《自我与脑》。

1979 年　波普尔最初的著作《知识理论的两个基本问题》以原始形式出版。

1981 年　法国第一次举办波普尔思想研讨会。

1983 年　维也纳召开波普尔思想研讨会。

1985 年　波普尔的妻子安妮于维也纳去世。

1986 年　出任维也纳大学访问教授。

1987 年　杜布罗夫尼克召开"批判理性主义哲学大会"。波普尔八十五岁诞辰，来自许多国家的学者参加了会议。

1988 年　在伯灵顿召开的世界哲学大会上演讲，题为"倾向性的世界"。

1989 年　在伦敦经济学院演讲，题为"走向进化的知识论"。

1990 年　出版《倾向性的世界》。

1991 年　接受平面和电视媒体采访，就海湾战争及苏联解体发表看法。

1992 年　《20 世纪的教训》于意大利出版。

1994 年　9 月 17 日于伦敦逝世，享年九十二岁。

主要著作

1. 《无尽的探索：思想自传》。

2. 《科学发现的逻辑》。

3. 《猜想与反驳》。

4. 《客观知识：一个进化论的研究》。

5. 《历史主义的贫困》。

6. 《历史决定论的贫困》。

7. 《通过知识获得解放》。

8. 《历史主义贫困论》。

9. 《开放社会及其敌人》（1、2 卷）。

10. 《开放的宇宙》。

11. 《实在论与科学的目标》。

12. 《科学知识进化论：波普尔科学哲学选集》。

参考书目

1. 夏基松：《波普尔哲学述评》，黑龙江人民出版社，1982 年。

2. 朱浤源：《开放社会的先驱——卡尔·巴伯》，允晨文化实业公司，1982 年。

3. ［英］勃里安·马奇：《波普》，中国社会科学出版社，1992 年。

4. 赵敦华：《赵敦华讲波普尔》，北京大学出版社，2006 年。

5. Malachi Haim Hacohen, *Karl Popper, The Formative years 1902 ~ 1945*, Cambridge University press, 2000.

6. Roberta Corvi, *An Introduction to the Thought of Karl Popper*, Routledge, 1997.